KB274312

고령사회,
실버타운이
해답이다

내일을여는지식 사회 17

고령사회, 실버타운이 해답이다

서강훈 지음

KSI 한국학술정보㈜

머리말

본 저서는 실버타운에 관한 문헌연구를 통하여 외국의 사례와 한국의 실버타운 문제점과 시사점을 분석하여 한국형 실버타운 모델 정립을 정립하였다.

연구방법으로는 문헌연구와 주요 선진국의 실버타운 정책 및 현황을 중심으로 한 비교분석방법을 이용하였다. 아울러 한국 실정에 적합한 한국형 실버타운 모델 개발을 위하여 한국형 실버타운 표준모델 지역을 선정, 현장실사 및 자치단체 실무자와의 면담을 거치는 등 현장조사방법도 병행하였다.

이 연구의 배경으로서 실버타운의 등장배경과 필요성을 살펴보았는데 실버타운 등장배경은 고령화 사회의 도래와 노인의 경제적 능력향상, 핵가족화와 노인 단독세대의 증가이다.

실버타운의 필요성은 전통적인 노인 부양개념이 급속한 경제성장과 의식수준의 변화로 자녀들은 부양을 꺼리게 되고 노인들은 단독세대로 살기를 희망한다는 점이 대두되었다. 보다 구체적으로는 한국의 실버타운 정책과 문제점을 수요적 측면과 공급적 측면으로 검토하여 그 대안을 제시하였다.

분석모형 설정은 현재 운영되고 있는 실버타운 유형을 중심으로 공급적 측면과 수요적 측면을 분석한 후 이를 바탕으로 하여 한국

형 모델을 제시하였다. 공급적 측면은 법적·제도적 측면을 분석하였고, 수요적 측면은 사회적 인식과 환경적 요건을 분석하였다.

한국형 모델은 도시형과 도시외곽형으로 제시하였는데, 도시형은 기존의 도시형과 유사하고, 도시외곽형은 본 저자가 기존 유형인 도시근교형과 전원형을 통합하여 새로운 형태로 개발한 유형이다.

초고령화 사회에 대비한 한국형 실버타운 모델에서 개발한 한국형 실버타운 모델인 도시외곽형은 기존의 문헌이나 논문 저서에 실린 실버타운 유형과 유사한 부분도 있지만 새로운 접근방식으로 기존의 문헌이나 논문에서 다루지 못한 부분을 고찰하였다.

초고령화 사회에 대비한 한국형 실버타운 모델에서 개발한 한국형 실버타운 모델인 도시외곽형이 이론에 머물지 않고 정부기관의 실버타운 정책수립, 공급자 측면의 사업성 제고, 수요자 측면의 사회적 인식변화를 선도하는 활용지침이 되기 위해서는 실버타운 활성화 방안이 강구되어야 한다. 이러한 실버타운 활성화 방안은 법·제도의 개선과 정책적 측면에서 발전 방향을 모색하고자 했다. 먼저, 법·제도적 측면에서 살펴보면 지방자치단체의 노인주거복지시설 설치를 의무화하고 인·허가 조건을 완화하는 등 규제를 완화하여, 재산세, 종합토지세, 부가가치세, 부동산 임대사업 소득세, 양도

소득세 및 개발 부담금을 감면해 주는 등의 역할을 해야 할 것이다.

둘째, 정책적 측면에서 살펴보면 지방자치단체는 수익자 부담 원칙을 적용하는 것을 현실화해서 민간 기업이 참여할 수 있도록 지원해야 한다. 지원 사업으로는 융자지원 사업과 고령자 고용업체 등의 지원 사업 등을 실시해야 한다. 마지막으로 자원봉사 제도를 적극 활용함으로써 지방자치단체의 열악한 재정의 문제점을 극복할 수 있을 것이다.

셋째, 민간기업과 국가, 그리고 지방자치단체가 각자의 역할을 수행하고 협력해야 할 것이며, 실버타운과 관련해 사회적 인식 및 입소자 자신들의 인식이 전환되어야 할 것으로 본다.

미래사회에는 사전에 노후준비를 해두거나 연금 등에 의해서 노후 생활을 준비하는 노인의 비율이 증가하게 될 것이며, 노인들이 가지는 소비자로서의 구매력도 증대될 것으로 예상된다. 앞으로 이러한 상황 변화에 대응하기 위해서 현재의 공공부조 서비스만을 위주로 하는 노인 복지정책을 지양하고 실버산업의 육성을 통하여 민간단체, 민간기업 등이 적극 참여할 수 있는 정책적 지원이 있어야 할 것이다.

지금까지의 노인복지정책이 비록 저소득층 위주의 정책이었다면 앞으로는 중산층 노인들을 위한 실버타운의 개발이나 여가 공간의 확대 등 삶의 질을 높이기 위한 방안을 강구하여야 할 것이며, 가족들의 부담을 덜어 줄 수 있는 프로그램이 많이 개발되어야 할 것이다.

복지서비스는 지역주민과 가장 가까운 곳에서 그들의 수요를 파악하고 지역특성을 살린 다양한 복지서비스를 제공하기 때문에 노인복지 공급사무의 대부분은 지방자치단체가 책임져야 할 분야로 볼 수 있다. 따라서 국가는 노인의료·복지체계의 정비, 비용의 보조 등 지원역할을 담당하고, 지방자치단체는 그 지역의 특성에 맞는 노인복지 서비스 프로그램의 개발, 지역단위 계획의 수립과 운영 등을 맡아야 할 것이다. 즉 지방자치단체의 노인복지정책은 보건복지부의 노인복지정책을 골격으로 하여 추진하면서 국가의 노인 정책이 다루지 못하는 수요자 계층에 대한 보완적 복지산업을 자체 산업으로 시행하여야 한다.

졸고를 마다 않고 책으로 묶어주신 한국학술정보(주) 임직원 여러분들께 감사의 인사를 전하며, 묵묵히 옆에서 힘이 되어준 사랑하는 아내와 아들 정민이에게 고마움을 표한다.

목 차

표 그림 목차

그림 목차

한국경제가 1970년대부터 고도의 경제성장을 이룩하면서 국민소득
향상과 생활의 질적 개선으로 한국 노인들이 2007년 7월 현재
4,810천 명으로 전체 인구의 9.9%를 차지하고 있고 2019년에는 전
체 인구의 14.4%, 2026년이 되면 20%를 넘어설 것으로 예상된다.
이러한 노인인구의 증가와 함께 핵가족화에 따른 가족구조의 변화
로 가족으로부터 신체적 보살핌을 받을 수 없는 노인의 비율이 시
간이 지날수록 증가하고 있는 것도 노인문제를 더욱 심화시키고
있는 원인이 되고 있다. 특히 10년 전까지만 해도 자녀 측에서 노
부모와의 동거를 기피하는 것만으로 인식되어 왔는데, 최근 60대
이상의 노인들 중에는 도리어 부모 측에서 결혼한 자녀들과의 동
거를 기피하는 현상이 두드러지게 나타나고 있다(건강보험심사평가
원, 2007).

사회경제적 발전에 따라 사회복지 요구가 다양하게 증가되고 사회
복지서비스의 공급을 민간부문에서 경쟁적으로 제공하면서 점차 영
리부문과 비영리부문의 경계가 없어지고 있다. 특히 한국도 2008년
부터 노인들이 본격적인 국민연금의 수혜를 받는 시점이 오면 노인
들이 재정능력을 갖추게 되고, 따라서 노인들은 서비스를 선택할 수
있는 권한이 생기게 된다. 그러면 대인적 서비스의 어떠한 분야보다

노인복지 분야에서부터 서비스의 경쟁이 본격화될 전망이며 이미 노인복지기관들 사이에 인적, 물적 자원의 획득을 위한 다양한 경쟁이 이루어지고 있다. 따라서 다른 사회복지 분야보다 노인복지 분야는 서비스의 경쟁력을 갖는 것이 매우 중요하다.

한국은 이미 OECD에 가입할 만큼 경제수준이 높아졌고 소득수준도 상당히 다양하게 계층화되어 있다는 것을 알 수 있다. 따라서 노인의 경제력 향상에 상응하는 유료 노인복지서비스 수요가 예상된다. 이에 착안하여 노인복지와 시장경제를 연계시키는 방법으로 노인복지서비스 공급 방안을 모색할 필요가 있다.

또한 21세기 고령사회에서 다양한 형태로 나타나게 될 노인복지 수요에 대처하기 위해서는 복지서비스 공급의 보편화, 즉 저소득층뿐만 아니라 중산층 이상의 노인을 위한 복지정책이 요구된다. 한국에서도 선진국에서처럼 복지공급의 다원주의에 입각하여 공공부문, 비영리민간부문, 영리민간부문이 동시에 발전되어 경제력 있는 노인들을 위한 민간부문에 의한 실버타운의 발전을 통해 다양한 노인복지가 충족되어야 한다. 저소득층 노인에 대한 복지서비스는 국가차원의 공적인 서비스를 받게 하고, 경제력이 있는 노인에게는 유료 서비스를 제공할 수 있는 실버타운산업이 발달되어야 한다. 이

는 민간차원의 실버타운에 대한 관심을 유도하고 노인들의 입장에서도 자유시장경제 원리에 따라 보다 나은 상품을 선택할 수 있는 기회를 제공하는 것이다.

현재 한국에서의 실버타운은 많은 사람들의 관심의 대상이 되고 매스컴에 자주 등장하고 있으나, 선진국에 비하면 아직도 미숙하다고 말할 수 있다. 그들에 비하여 시장규모도 크지 않으며, 민간기업들의 사업 참여 역시 활발하지 못하다. 하지만 한국의 실버타운은 이제 확산단계에 들어서고 있으며, 고령인구의 증가에 따라 그 전개속도는 더욱 빨라질 것으로 예상된다. 실버타운의 활성화는 노인문제를 예방할 수 있고 더 나아가 사회문제를 예방할 수 있어 노인복지는 물론 국민 전체의 복지수준을 향상시킬 수 있을 것이다. 따라서 정부와 민간은 실버타운의 활성화를 위한 제반방안을 모색하여야 하며 특히 한국의 실정에 맞는 실버타운 모델을 개발하여 노인들의 수요를 충족시키는 것이 필요하다고 하겠다.

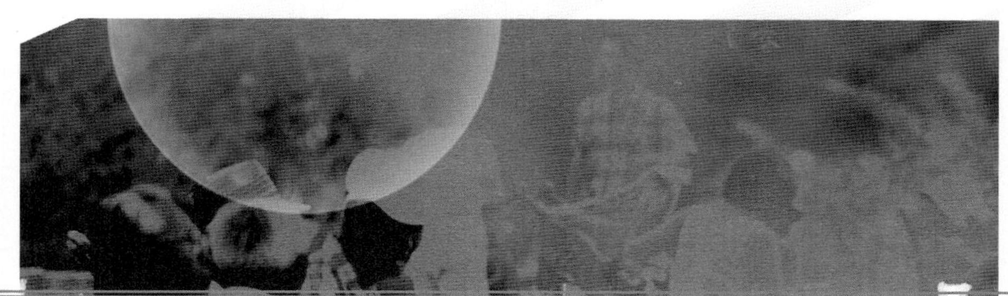

실버타운, 과연 무엇인가

제1부

1장 이론적 고찰 및 분석모형

1. 실버타운의 이해

가. 실버타운의 개념

세계적으로 복지의 민영화 경향과 인구 고령화의 진행 속에 복지산업이 성장하고 있으며, 특히 증가하는 노인들의 다양한 욕구에 부응하는 노인복지산업이 크게 발달하고 있다.

실버산업(silver industry)이란, 노인의 흰머리를 은발(Silver)에 비유하여 나온 단어로 노인의 부정적 이미지를 없애기 위해 일본의 민간업체에서 고안된 이름으로 노인을 대상으로 하는 산업을 의미하며, 실버비즈니스 또는 실버서비스 등으로도 사용되고 있다. 영어권의 경우 실버산업과 같은 용어로는 elderly market, senior market, mature market 등으로 사용되고 있다. 또한 친효산업, 친노산업으로 표현되기도 하며, 노인중심의 편리성과 안전성이 고려되어야 한다는 관점에서 고령친화적 산업 등의 표현도 사용되고 있으며, 우리나라에서도 2006년 '고령친화산업진흥법'이 제정됨으로써 이 용어가 공식적으로 사용되게 되었다.

일본 후생성은 '실버산업은 60세 이상의 노인을 대상으로 민간기업이 시장원리에 의해 상품이나 서비스의 공급을 행하는 산업'이라고 정의하고 있다.

우리나라의 경우 1980년 중반부터 실버산업이란 말이 사용되어왔으나, 아직 실버산업의 용어는 법적으로나 행정적으로 정의되어 있지는 않다.

실버산업은 노인산업이라고 할 수 있는데 보다 넓은 의미에서 보면 앞으로 노인이 될 중년층에 대한 노후대책을 위한 금융상품이나 생활설계 등 모든 상품이나 서비스까지 포함할 수 있다. 그러나 일반적으로 우리가 실버산업이라고 할 때에는 '노인을 소비대상으로 하여 기업체가 중심이 된 민간부문이 시장원리에 입각하여 상품이나 서비스를 공급하는 산업의 한 형태'라고 정의할 수 있다.

요약하면 실버산업이란, 구매력 있는 중산층 이상의 노인을 대상으로 주택을 비롯하여 건강과 케어, 노인 관련 일상용품, 노인교육 및 여가 서비스를 제공하여 노인의 삶의 질을 향상시키고 노인의 욕구를 해결하려는 시장경제원리의 영리사업이라고 할 수 있다(창지사. 2006).

나. 실버타운의 등장배경과 필요성

1) 실버타운의 등장배경

실버타운의 등장배경은 크게 두 가지로 나누어 설명할 수 있다.

첫째는 고령화 사회의 도래와 노인의 경제적 능력의 향상이다. 2005년 현재 65세 이상 노인인구의 비율은 전체 국민의 8.7%인

417만 1천여 명이다(보건복지부 2005). 급증하고 있는 노인들 중 건강하고 경제력이 있는 대다수의 노인들은 사회에 참여하여 지속적으로 활동하기를 원하고 있으며, 이런 노인을 대상으로 하는 관광, 스포츠, 사회교육 등이 실버산업의 한 분야로 떠오르게 되었다. 또한 과거에는 부모들이 자녀들에게 재산을 물려주어 자신의 노후부양을 기대하였으나, 현재는 사회구조적 변화로 노인부양에 대한 사회적 가치관에 변화를 초래하였다. 즉 부모는 자신의 연장된 노후에 대비하여 자녀들에게 의지하지 않고 경제적 능력을 유지하려는 경향이 증대하였다. 한편 이로 인하여 한국은 국민연금이 성숙되어 노인층의 구매력 또한 증가하게 되었다. 이와 같은 경제적 능력이 있는 노인층을 대상으로 그들의 욕구에 적합한 상품이나 서비스 개발 필요성이 제기됨으로 실버타운산업이 등장하게 되었다.

둘째는 핵가족화와 노인 단독세대의 증가이다. 우리 사회가 산업화됨에 따라 가족제도도 핵가족화되었고 며느리는 시부모를 모시지 않으려 하며, 아들마저 결혼한 후에는 독립해서 살기를 원하는 경향이 점점 늘어가고 있다. 또한 기술산업구조로의 변화로 인한 농촌의 붕괴와 더불어 인구의 도시집중화 현상으로 인구의 대이동과 함께 핵가족화를 더욱 촉진시키고 있다. 이로 인해 3세대 가족단위에서 부부중심의 1세대 내지 2세대 소가족의 형태로 변형되면서 전통적인 대가족 제도가 무너져 가고 있다. 따라서 노인의 단독세대 증가는 이들을 위한 주거시설의 필요성이 그만큼 증대되어가고 있다는 사실을 말해 준다.

특히 2000년에 우리나라 전체 가구 1,461만 가구 중 65세 이상 독신가구가 55만 가구로 3.8%이며, 2003년에는 1,530만 가구 중

69만 가구로 4.5%, 그리고 2020년에는 1,816만 가구 중 158만 가구로 8.7%로 크게 증가되면서 독거노인 문제가 심각한 사회문제가 될 전망이고(통계청, 2003), 국가인권위의 조사에 따르면 한국인들 중에 59.9%는 노부모와 살기를 원하고 있으나 장래에 자녀와 살고 싶지 않다는 사람은 63.7%를 차지한다는 조사결과(국가인권위, 2004)를 볼 때, 앞으로도 노인들의 단독가구가 늘어나고 그들 자신들도 독립적인 생활을 원함으로 시설욕구가 증가하고 있음을 알 수 있다.

실버타운의 필요성을 인식한 정부는 1993년 12월 민간기업체나 개인도 유료노인복지시설을 설치, 운영토록 허용하고 있다.

2) 실버타운의 필요성

노인인구의 증가와 함께 노인의 경제력 향상과 욕구가 다양해지면서, 보다 안락하고 자립적인 생활을 원하는 노인계층이 증가추세에 있다. 또한 가치관의 변화로 노후를 설계하고 여유와 가치 있는 노후의 삶을 누리고자 하는 풍토가 조성됨에 따라, 그 욕구를 채워줄 수 있는 실버타운의 인지도 및 필요성이 빠른 속도로 증가하고 있다. 실버타운의 필요성에 대해 살펴보면 크게 세 가지로 나타낼 수 있다(이민경, 2003: 12~13).

첫째, 국민생활 수준의 향상과 의료기술의 발달로 노인인구가 크게 증가하였으며, 급속한 경제성장과 더불어 도시화, 산업화를 거치면서 가족구조가 핵가족화되어 가족의 노인부양이 어렵게 되었다.

둘째, 고령화 사회에 접어들면서 노인인구의 의식변화로 자녀와 별거하여 독립하여 살려는 노인들이 증가하고 있다. 따라서 자식의 부양을 기대하지 않고, 여생을 독립적이고 적극적으로 살아가려는 노인들이 점차 증가함에 따라 실버타운에 대한 필요성 또한 증가하고 있다.

셋째, 경제성장에 따른 국민의 전반적인 소득이 증대되어 노인들의 자산규모도 크게 증가하였고, 노인들의 생활수준에 대한 욕구도 향상되었다. 60세 이상 노인들의 경제활동 참가율이 지속적으로 증가하고 있는데, 이것은 노인들이 단순한 보호대상이 아니라 활동적이고 경제력이 있는 노인으로 변화되고 있음을 말해 준다. 또한 1988년부터 국민연금제도가 시행되어 공무원, 사립학교 교직원, 군인에 한정되었던 연금혜택이 전 국민으로 확대되었다. 앞으로는 연금수혜로 인한 경제적 자립이 가능한 노인계층이 대거 등장할 것으로 예상된다.

이처럼 의식 및 가치관의 변화, 경제력의 향상으로 자녀에게 의존하지 않고 노후를 독립적으로 보내려는 노인들이 증가하여 실버타운에 대한 요구는 점차적으로 높아질 전망이다.

다. 실버타운의 특징과 기능

1) 실버타운의 특징

첫째, 실버타운은 다음과 같은 몇 가지 특징을 가지고 있다. 실버타운은 민간기업이 시장경제 원리에 입각하여 노인을 대상으로 재화나 서비스제공을 목적으로 하는 경제활동으로서의 의미를 가지고 있다. 그러나 실버타운산업은 단순히 노인들에게 노후생활에 필요한 재화나 서비스를 제공하는 데 그치지 않고, 기업에 대한 신용과 신뢰를 통하여 노인들에게 안정감과 평안함 및 신뢰감 등을 함께 제공하여야 하므로 노인복지적인 의미도 내포하고 있다. 즉 실버산업은 수익성을 추구하는 영리사업이기는 하지만, 공익성이 요구되는 노인복지사업이므로 수익성과 공익성이 공존하는 산업이라 할 수 있다(이인수, 2003).

둘째, 지역사회와의 밀접한 연관성을 가지고 있다. 실버타운은 한정된 지역에 거주하기를 원하고, 전·후기 노인들을 대상으로 노후생활에 필요한 재화나 서비스를 공급하는 산업이므로 지역사회와 강한 연관성을 갖게 된다.

셋째, 도시형 산업이다. 노인인구가 군·읍·단위보다는 대도시 및 중·소도시에 거주하는 비율이 높고, 자신들이 거주하는 지역의 실버타운에 입소하는 것을 희망한다. 또한 새로운 상품이나 서비스에 적응력이 낮을 뿐 아니라 활동성도 낮으므로 시장에 잘 노출되지 않는 특징을 나타내고 있다. 이 때문에 실버타운을 유치하는 기업의 입장에서는 일정규모 이상의 노인이 집중되어 있는 대도시를 대상으로 하여야 한다.

넷째, 산업 간의 강한 연계성을 가지고 있다. 실버타운은 그 분야가 매우 다양하지만 분야에 따라서는 실버산업 간에 강한 연계성을 갖게 된다. 의료 관련 산업과 간병 관련 산업은 실버산업으로 분류할 때는 서로 다른 분야로 분류되지만, 실버타운에서의 서비스 제공에 있어서는 의료서비스와 간병서비스의 구분이 명확하지가 않다. 그리고 의료서비스와 간병서비스 등은 서비스만이 제공될 수도 있으나, 일반적으로 의료시설이 연계되어 제공되는 형태를 띠고 있다.

2) 실버타운의 기능

실버타운은 노인의 당면한 문제와 욕구에 대응하는 거주환경이 되어야 하며, 이때 노인이 느끼는 주거환경의 만족은 노인이 직면한 노인문제의 해결에 있다. 노인에게 필요한 요인들을 살펴보면 가족을 중심으로 한 이웃, 생활보호, 경제적 안정, 노동을 위한 자기표현, 질병치료 및 건강유지, 사회참여 등이 있는데 이를 모두 만족시켜야 한다.

그리고 실버타운의 주요 기능에는 노인들의 자립생활에 물리적·정신적 도움을 주어 노후생활에 안정감과 행복감을 줄 수 있는 주거환경이 되기 위해서는 건강의료기능, 생활개호기능, 취미여가기능, 공동생활기능이 요구된다(김완래, 2002: 28).

따라서 실버타운은 가족·입주자·직원·지역과의 교류를 통한 공동생활기능, 건강의료기능, 식사·생활편의서비스 등을 통한 생활개호기능 그리고 스포츠·각종 문화활동을 통한 취미여가기능을 한다.

2. 외국의 실버타운 정책과 현황

가. 미국

1) 실버타운 정책

● 법적·제도적 측면

미국에서는 1935년 사회보장법이 제정됨으로써 노인을 위한 사회적 노력이 나타나기 시작했으며, 1960년대에는 노인문제를 해결하기 위한 다양한 정책들이 광범위하게 실시되었다. 미국은 개인주의, 자유방임주의, 지방분권주의의 경향이 농후한 나라이다. 따라서 국가가 노인문제를 해결하기 위한 정책을 펴나감에 있어서도 지방분권주의, 자유방임주의의 성격이 강하게 부각되고 있다. 미국의 노인복지 행정체계는 연방정부, 주정부, 지역단위 행정기구 및 민간단체로 이어지는 서비스망에 의해서 이루어진다.

미국의 노인복지정책은 적절한 소득, 안락한 주택제공, 차별 없는 고용기회, 의미 있는 사회적 활동 등 효율적인 서비스를 받을 수 있도록 보장하는 한편 연방정부와 주정부는 이를 위한 재정적 지원을 의무적으로 하도록 되어 있다.

노인복지행정을 다루는 부서로는 연방정부에 '노인복지청' 주정부에 '노인복지국', 그리고 지역단위에는 '노인복지사무소'가 있으며 이들 기구는 서로 밀접한 협조를 통해 노인문제를 해결하고 있다. 전국 67개 단위의 지역단위 노인복지사무소는 해당 지역 내에서 필요로 하는 장기보호서비스를 비롯하여 모든 프로그램의 계획·조정 등의 기능을 수행한다. 또한 가정과 지역사회로부터 고립된 노인들을 도와주는 사회적 서비스 및 급식지원 서비스 체계의 개발 등을 책임진다(시니어저널, 2001).

미국은 소득이 낮고 노쇠한 노인들을 위한 요양시설과 건강한 노인을 위한 노인촌락이 활성화되어 있다. 전국 24,000여 개 노인요양시설에서 저소득 노인들은 정부지원으로 전문의료 및 간병서비스를 받을 수 있다. 의료비 부담이 큰 미국은 60세 이상 저소득 계층을 위해 조세부담으로 운영하는 의료보호제도인 메디보호를 실시하고 있는데 연방정부나 주정부는 매년 36조 원을 요양시설에 지원하고 있다. 건강한 노인들은 노인의 신체적 특성과 생활양식을 감안해 설계한 노인전용아파트나 노인촌락에서 각종 여가·취미활동으로 편안하고 여유 있는 노후를 즐기고 있다. 미국에는 500세대 이상 되는 노인촌락만 3,000개소가 넘는다.

● 사회적 인식

미국의 자녀들도 부모의 은공에 보답하려는 마음은 우리와 다르지 않다. 그들은 핵가족화, 맞벌이 등으로 떨어져 사는 부모를 위해 조리, 청소, 몸수발 등 일상생활을 보살펴주는 효도대행서비스를 제공하며 비용은 자녀들이 부담한다.

2) 실버타운의 대표적인 유형

미국에서는 민간인들이 시장원리에 의해 자연발생적으로 건축 또는 개축하는 실버타운에 대해서도 지방정부가 건축이나 개축자금의 지원 또는 주택운영 면에서 도움을 주는 방법을 택하고 있다. 실버타운 제도의 대표적인 유형은 다음과 같다.

● 노인전용 하숙집

이것은 노인하숙집(board and care home) 또는 미니양로원의 성격을 띤 형태이다. 넓은 집을 소유하고 있는 젊은 세대의 가정이 소수의 노인들을 자신의 가정집에 입주시켜 그들에게 식사, 세탁, 청소, 잔심부름 등 일상생활을 보살펴 드리는 대가로 돈을 받는, 이른바 하숙집의 운영형태이다.

이 제도의 장점은 첫째, 큰 규모의 노인요양시설보다는 입주가격이 훨씬 낮고, 둘째, 가족적인 분위기가 보장되고, 셋째, 신체적 쇠태로 인해 외출도 제대로 못 하는 노인들이 같이 하숙하는 동료들과의 교류를 통해서 고독을 해소할 수 있는 장점이 있다.

이 제도의 단점은 첫째, 허가제가 아니므로 경우에 따라서는 입주노인의 안정 또는 서비스 면에서 문제가 있을 수 있다는 점, 둘째, 하숙집 주인이 노인에 대한 서비스 분야의 전문적인 지식이 없거나 또는 노인을 보살피는 데 필요한 훈련을 받지 못한 상태에서 이 업무에 종사하고 있을 수도 있다는 점, 셋째, 입주자들에 대한 취미, 오락 활동에 대한 배려가 미흡하다는 점 등을 들 수 있다.

미국에서는 1976년에 사회보장법의 일부를 개정해서 주정부로 하여금 생활보호수당 수급자를 대상으로 하는 노인하숙집에 대한 인·허가제를 마련하고 있다. 이러한 제도를 실시하는 캘리포니아 주에서는 노인학대 감시제도에 의해서 감시자(ombudsman)로 하여금 정기적으로 하숙집의 운영상태를 체크하도록 하고, 관리자에 대해서 의무적으로 연간 20시간씩 연수교육을 받도록 규정하고 있다. 이러한 관리운영지침의 요건을 갖추지 못한 하숙집은 해당 면허가 취소된다(채구묵, 1999).

● 노인집합주택

노인집합주택(congregate housing)은 가사가 부담스러워지기 시작하고, 활동상의 어려움이 시작되는 시기에 완전한 독립적인 생활은 어려우나, 간호치료를 필요로 하지 않은 노인들에게 다양한 서비스에 접근할 수 있도록 하는 것이다. 노인집합주택은 일정부분 독립적인 생활을 유지할 수 있게 해 주는 주거형태이다(이연숙, 1993: 27). 즉 노인의 생활을 보조해 주는 서비스 시설이 노인 집합주택

안에 제공되거나 그렇지 못한 경우는 최소한 접근이 용이한 2～10층까지의 단독 건물형태(보통 부엌시설이 안 갖추어져 있음)로 10세대에서 100세대 정도까지로 구성된다.

여기서 제공되는 서비스의 종류는 대부분 공동식사를 제공하고 있으며, 세탁·청소 등의 가사일, 병원출입 등 교통편의 서비스, 취미·오락 및 사회적 프로그램이 다양하다. 이러한 시설의 운영주체는 영리를 목적으로 하는 민간기업 또는 비영리단체가 되고 있다.

주택법에 의해서 국가로부터 보조금을 받아 건축한 집합주택의 경우는 실비로 입주가 가능하지만, 그렇지 않은 경우는 입주가격은 시장원리에 따른다. 1978년 집합주택원조법이 제정된 이후 도시주택개발은 시험적으로 공영주택 예산지원을 통한 집합주택을 건설한 바 있는데, 이에 대한 평가가 좋아 현재 여러 주에서 이러한 주택을 건설하고 있기는 하나 그것이 전체 집합주택에서 차지하는 비율은 높은 편이 아니다.

이렇게 일상생활을 돌보아 주는 일까지 해 주는 집합주택의 장점은 첫째, 주택의 제공뿐만 아니라 신체기능이 저하되고 있는 노인의 기본적 욕구를 충족시킬 수 있다는 점, 둘째, 노인하숙집과는 달리 간호사나 사회복지사와 같은 전문직 직원이 상주하고 있어 긴급사태에 용이하게 대처할 수 있다는 점, 셋째, 이러한 주택에 거주함으로써 요양시설에 입소하는 시기를 지연시킬 수 있다는 점, 넷째, 하루에 한 번 이상 공용식당에서 다 같이 만날 수 있어 서로의 건강상태를 체크할 수 있다는 점 등을 들 수 있다(채구묵, 1999).

이러한 집합주택의 단점으로는 첫째, 공용부문의 확보를 위해서 건축비가 많이 든다는 점, 둘째 입소자를 필요 이상으로 보살펴 줌으로 그들의 의존성을 증가시킨다는 점, 셋째, 식비 또는 관리비 등에 대해서 일부 입주자들의 불만이 있을 수 있다는 점, 넷째, 연방정부나 주정부의 지원이 없는 집합주택의 경우 입주자의 부담이 높아진다는 점 등이다.

● 노인촌락

이는 노인을 위해 계획된 주거단지로서 은퇴한 거주자를 대상으로 다양한 수준의 서비스를 제공하는 독립적인 완전히 새로운 거주 지역을 형성하는 주거형태이다. 노인촌락은 지역사회에서 떨어져서 의도적으로 계획된 노인 주거 단위들의 집합으로 주거 단위의 형태는 단독주택, 연립주택, 콘도미니엄 등 다양하고 이곳에서 제공되는 서비스의 종류와 수준도 다양하다. 이러한 노인촌락은 기존의 지역사회와 격리되어 동질적인 노인들끼리만 생활함으로써 심리적 안정감을 느끼게 하였다. 그러나 쇼핑이나 가족·친지의 방문 시 불편하고, 지나친 고립감 등의 문제가 발생하자 최근에는 지역사회와 유기적인 관계가 가능하도록 연결시키는 접근을 시도하고 있다.

● 요양시설

요양시설을 운영함에 있어서는 반드시 주정부의 인가를 받아야 한다. 또한 요양시설이 의료보호(medicare)와 의료부조(medicaid)를 받기 위해서는 국가가 정하는 시설기준 또는 입소자의 건강상태, 그리고 종업원의 배치기준 등 일정한 요건을 갖추어야 한다. 일반적으로 요양시설은 주 의료기관으로 인정된다. 따라서 요양시설에 입소한 노인들은 의료비뿐만 아니라 간호, 간병 등에 소요되는 비용의 일부분을 의료보험이 부담한다. 특히 일정기준 이하의 저소득 노인들의 경우는 입소비용을 의료보호 또는 의료급여제도에 의해서 국가가 부담한다. 그렇지만 경제력이 있는 노인들이 요양시설에 입소했을 경우는 입소비용 대부분을 수익자가 부담해야 한다(김재익, 1998: 75~83).

나. 일본

1) 실버타운 정책

● 법적·제도적 측면

일본은 1963년도에 노인복지법을 제정했고, 이것을 시작으로 1983년에는 노인보건법이 개정되어 그 개정된 법에 의해 노인보건사업이 추진되었고, 노령사회대책기본법, 노인간병기본법을 제정하였다. 특히 1990년에는 지역사회 내에서 재택복지 서비스를 일차적으로 추진하기 위한 체제정비를 목적으로 노인복지법이 제정된 이래 최대 규모로 개정되었다. 이러한 내용은 재가복지서비스에 있어서는 건강한 노인대상과 허약한 노인을 대상으로 하는 것 등으로 나누어진다. 건강한 노인을 대상으로 하는 사업으로는 취업알선서비스, 여가활동지원서비스, 그리고 생활상담서비스 등이 있고, 허약한 노인을 대상으로 하는 사업으로는 방문간호서비스와 간병 및 가사지원서비스 등이 있다(시니어저널, 2001).

제한적으로 공급되던 실버타운이 크게 확장된 것은 1972년이었다. 당시의 주택사정은 주택 수가 가구 수를 넘어섬에 따라 일단

양적인 충족은 달성된 시기였다. 이때 일본주택공단과 현재의 주택·도시정비공단 등이 고령자 동거가구의 당첨률을 높이는 등의 '고령자 동거가구에 대한 입주 우대'와 같은 실버타운 정책을 시작했으며, 주택금고에서는 '고령자 동거가구에 대한 할증대부'제도를 도입하여 금융 측면에서의 지원을 시작하였다.

1980년대 들어서는 사회적으로 안정됨에 따라 풍요로운 사회로의 변화를 모색하던 시절로 당시 실버타운 정책으로는 '독신노인가구의 공여주택 입주특혜', 고령자 동거가구에 대해 자녀로 변제가 승계되는 '승계상환 융자(relay loan)제도', '분양주택의 최저 일시금 감액조치', '분양주택 할부금 상환이율의 우대조치' 등 고령자 동거가구를 위한 입주 우대조치가 취해졌다. 또한 당시에 고령자와 자녀가족이 인근에 거주하는 인근거주형 주택우대정책도 함께 실시되었다(성명옥, 1999: 74; 김재익, 1998: 99).

일본의 노인복지시설로는 입소시설로 특별양호노인홈, 양호노인홈, 실버노인홈, 유료노인홈이 있고 이용시설로는 노인복지센터, 노인휴식의 집, 노인휴양홈 등이 있다. 이들 시설 중 유료노인홈을 제외하고는 대부분이 정부지원에 의한 민간 위탁형으로 운영되고 있다(최혜경, 2001: 132).

● 사회적 인식

일본은 장수국위 명예를 얻게 되어 반가운 반면에 심각한 노인문제를 발생시키게 되었다. 제일선에서 은퇴하여 심신의 허약성이 심화되는 노년기를 어떻게 건강하게, 풍요롭게, 쾌적하게 보낼 것인가가 국민적 과제가 되었다. 그러기 위해서는 노후의 경제생활을 안정시키기 위한 정년제의 연장이나 연금제도의 확립, 삶의 의미를 가질 수 있는 일이나 취미, 사회활동의 기회를 가져다주는 것은 물론 건강의 유지, 노인병의 예방, 또 허약한 노인에 대한 의료나 간호의 제공 등의 대책이 필요한 상황이다(김경신, 1999).

일본정부가 발간한 노령화 사회백서에 의하면 일본 전체 노인 중 혼자 살거나 노부부끼리만 살고 있는 비율이 결혼한 자녀와 동거한다는 비율보다 약 65% 증가하고 있다고 발표되고 있다. 여기에서 결혼한 자녀가 부모와 동거한다는 것은 부모를 부양한다는 의미의 동거라기보다는 젊은 부부가 맞벌이를 하는 경우 가사노동을 담당케 하기 위한 방편의 일환으로 동거를 택하고 있는 것이 오늘날의 일본의 변화된 노인부양의식이다(시니어저널, 2001).

2) 실버타운의 대표적인 유형

일본의 실버타운은 공영주택 등을 중심으로 공급되면서 대부분 일정 호수를 노인주택으로 공급하는 제도이다. 일본의 공영주택의 공급형태는 3가지로 분류할 수 있다. 지방자치단체가 독자적으로 공급하는 공영주택, 주택도시정비공단이 공급하는 공단주택, 지방주택 공급공사가 공급하는 공사주택 등이 있다.

● 고령자용 기획주택제도

고령자용 기획주택은 스스로 생활이 가능한 고령자 가구를 대상으로 고령자에 알맞게 설계된 주택이다. 생활보조사의 복지서비스를 제공받는 제도로 1987년에 시작되었으며, 주택공급은 건설성에서, 복지서비스는 후생성에서 담당하는 주택공급제도이다. 생활보조사는 기초자치단체가 담당하고 실버하우징 병설 데이케어센터

(daycare center)에서 파견하며, 그 비용은 입주자와 공공부조에서
공동으로 부담하게 된다(대한건설협회, 2001: 43).

● 복지형 임대주택제도

　복지형 임대주택은 중·저소득층 고령자에게 주택을 공급하고,
임대료를 지방자치단체가 보조해 주는 실버타운 공급제도이다. 이
제도는 민간 토지소유자가 주택을 건설할 때 고령자가 생활하기에
적합하도록 시공하는 데 필요한 비용을 보조한다.

　임대료에 관하여는 매년 결정되는 입주자 부담액과 주택 소유주
에게 지불할 임대료의 차액을 국가 및 공공단체가 보조하도록 되
어 있다. 이 제도에 의하여 공급되는 주택의 경우에는 복지서비스
가 보장되지 않지만, 복지서비스를 제공할 수 있는 관리인을 파견
하는 제도를 시도하고 있다. 고령자만의 거주에 적합한 주택을 제
공하고, 집세를 보조하여 줌으로써 고령자의 경제적 부담을 덜어
준다는 점에서 특징이 있는 고령자 주택이라 할 수 있다(조선호,
2000: 62).

● 시니어 주택제도

　중견근로자가 퇴직 시까지 마련할 수 있는 자금으로 입주할 수
있는 주택으로 실버하우징이나 복지형 임대주택에 비해 비교적 경
제적 여유가 있는 사람을 대상으로 한 고령자 주택이다. 주택·도
시정비공단이나 지방주택공급공사가 공급하며, 입주자가 입주 시 일
정액의 입주금을 일괄 지불하는 방식으로 운영되고 있으며, 생활을
지원하는 공용시설이나 서비스가 제공되고 있다. 입주자는 '종신연
금보험'을 이용하게 되는데, 그 방식은 입주 시 임대료의 상당금액

정도를 종신연금보험에 가입하여 그 보험료를 한꺼번에 보험회사에 지불하고, 보험회사는 그 보험금을 시니어 주택관리공단인 고령자주택재단에 지불하는 방식으로 운영된다(대한건설협회, 2001: 44).

● 경비노인홈

경비노인홈은 노인복지법 제15조 제4항을 근거법령으로 1961년 시설정비에 국고보조를 도입한 제도화된 노인복지시설로서 저소득 계층의 고령자가 저렴한 요금으로 이용할 수 있는 시설이다. 이 시설은 양호노인홈 또는 특별양호노인홈과는 달리 입주수속은 시설장과 입소희망자 사이에 행하여지므로, 일반적으로 계약에 의한 이용시설이라 규정할 수 있다. 입주조건은 저소득층에 속하는 60세 이상이고 가정환경, 주택사정 등의 이유로 거택에서 생활하기가 곤란한 자로 되어 있다. 경비노인홈은 양호노인홈, 특별양호노인홈의 입주조건인 '신체적 또는 정신적 이유'라는 항목이 없으며, 원칙적으로 식사까지 제공하도록 되어 있으나 1971년도부터는 자취를 할 수 있도록 하는 규정을 신설하고 경비노인홈 B형이라 호칭하고 있다. 이렇게 경비노인홈 규정 중 자취 가능한 시설을 신설한 까닭은 당시 공영주택 입주 규정에 단신 고령자는 입주할 수 없도록 되어 있었기 때문에 복지시설 측에서 주택수요에 부합되도록 제도화하였기 때문이다(황경성, 2004).

● 신경비노인홈

신경비노인홈(care house)은 독립된 생활을 하기에는 불안하고, 가족의 가사조력을 받기가 어려운 60세 이상의 고령자가 입주할 수 있도록 1989년에 제도화되었다. 케어 하우스는 제도상 경비노인홈의 일종으로 되어 있으나, 저소득자를 대상으로 한 종래의 경비노인홈 A형과 B형에 비하면 거실이 넓고 입주자의 자기부담액이 높다. 즉 중간 소득계층을 위한 전혀 새로운 노인복지시설이라 말할 수 있다.

케어하우스는 주택적 요소를 중시한다는 뜻에서 소규모화(정원 30인 이상)를 인정하고 있다. 1992년에는 제도 개정을 단행하여 후생성은 물론이고 재단법인, 사단법인, 농업협동조합까지도 케어 하우스를 설치·운영할 수 있도록 하였다. 이러한 시설이 대폭 증설되어야 한다는 취지에서 입주자의 소득제한도 철폐하고, 설치자의 부담도 국고보조대상 사업비를 훨씬 상회하는 수준까지 입주자로부터 징수할 수 있도록 규정을 개정하였다(황경성, 2004).

● 유료노인홈

유료노인홈의 사업주체는 1960년까지 거의 사회복지법인 및 재단법인, 종교법인 등이었다. 그러나 1970년 이후, 주거실버산업의 일환으로 민간기업의 참여가 활발하게 되어 현재는 개인, 주식회사 등 민간 기업이 유료노인홈 사업을 하는 경우가 압도적으로 많아졌다. 특히 생명보험, 손해보험, 건설회사 등의 대기업이 참여하고 있다. 현재 일본 정부는 유료노인홈 운영자들에게 모두 전국 유료노인홈 협회에 의무적으로 가입되게 하였다.

유료노인홈은 거주기능과 서비스제공기능을 병합한 민간시설로 독립된 거실, 식당, 각종 오락시설, 간병·보호시설 등으로 구성되어 있다. 입주조건은 운영주체와 입주자 쌍방이 입주금이나 사용료 등의 조건에 합의한 후에 입주계약을 하고 입주한다. 단점으로는 민간경영이기 때문에 운영주체가 경영난으로 파산을 하는 경우 등 불의의 사태가 생길 수 있다는 점이다. 그러나 해당 관공 부서의 감독권한과 위반사항에 대한 벌칙이 법적으로 강화되었다. 이에 따라 1992년 4월 후생성에서 '유료노인홈 설치운영 지도지침'이 개정되어 부도에 의한 도산방지, 간병·보호서비스 등을 명시하고, 입주계약에 대한 규약 등도 명시하고 있다(백길석, 2002: 26~31).

다. 시사점

1) 미국의 실버타운 제도의 시사점

● 정책의 시사점

첫째, 수요자층에 따른 다양한 시설공급이다.

미국의 실버타운은 규모나 수준 등에 있어 다양한 시설이 운영되고 있다는 것이 특징이다. 다양한 배경을 가진 소수민족에 맞는 전용노인시설도 개발되었다. 일본인, 중국인을 위한 전용시설, 대규모의 도시화된 시설 등이 있고, 저소득층이 입주할 수 있는 실버타운이 있고 고소득 노인층이 구입할 수 있는 고가의 빌라형 고급 실버타운도 있어, 소득수준에 따른 고령자의 다양한 요구에 맞추고 있다는 점은 앞으로 실버타운을 개발해야 할 한국 실정에 좋은 사례가 되고 있다.

둘째, 전문적인 노인주택관리회사 육성이다.

실버타운 운영을 전문으로 하는 단체가 실버타운 소유주와 경영계약을 맺고 전문적인 서비스의 시설관리를 하고 있으며, 운영전문회사가 80년대 이후 민간실버타운을 직접 건립운영하기 시작했다.

따라서 현재 한국의 실정은 실버타운 건축자가 운영도 함께하고 있는데, 미국의 경우와 같이 전문적이며 특화된 서비스를 제공할 수 있는 실버타운 전문운영단체 및 회사를 육성시킬 필요성이 있다.

셋째, 지방정부의 행정적·재정적 지원이다.

정부의 지원책으로 연방 및 주정부는 민간업자가 실버타운을 조성하는 경우 지원을 해 주는데, 연방정부 및 주정부는 대지를 거의 무상으로 불하하거나 은행에서 쉽게 대출을 받을 수 있도록 신용보증을 서 주는 등 실질적인 도움을 주고 있다. 지방정부 주도로 장기요양시스템을 개발하고 있으며, 종합리조트 타운 형태의 대단위 실버타운을 건립하고 있다. 연방정부 및 주정부가 주도권을 행사함으로써 실버타운에 대한 파급효과는 상당하다(김익균. 2002: 216~217).

● 다양한 금융제도

미국의 연방정부가 현재 실시하고 있는 실버타운 관련 금융지원제도 중 한국에 시사하는 내용을 살펴보면 첫째, 노인이 자가 소유의 주택을 신축할 경우에는 건축자금을 최대한 100%까지 융자해 준다. 둘째, 비영리단체가 노인전용임대주택 또는 조합주택을 설치 공급하고자 할 때는 연방정부가 최장 40년간 저리융자를 해 주는 제도(김재익, 1998: 74)가 있다. 셋째, 저소득층 노인들이 임대용 노인주택에 입주할 경우 임대료의 일부를 연방정부 또는 주정부가 보조해 주는 제도가 있다. 넷째, 영리, 비영리 등의 민간단체가 저소득층 입주용의 노인주택을 건설하는 경우 40년간 기한으로 건축자금을 무이자로 대부해 주는 제도가 있다. 미국의 경우 건축자금의 융자와 지원정책이 다양하고 좋은 조건이므로 한국에서도 이를 실버타운 정책에 도입해야 한다(백길석, 2002: 72~74).

2) 일본 실버타운 제도의 시사점

● 정책의 시사점

첫째, 제한된 한도 내 중앙정부차원의 적극적 개입이다. 실버서비스 진흥지도실 설치, 민간 유료노인홈에 대한 공적 융자제도와 같은 일본정부의 육성조치는 민간 영역에 정부의 강한 간섭과 영향력을 미치고 있고, 흡사한 환경에 처해 있는 한국에 시사하는 바가 적지 않다. 즉 육성될 때까지는 어느 정도 중앙정부나 지방자치단체의 지도적인 개입이 필요하고 동시에 민간의 자율적인 조정과 발전의 노력이 필요하다는 것이다.

둘째, 시장형 복지도입과 행정 및 재정지원이 통합되어 있다. 1993년 경제기획청의 '신경제사회 7개년 계획'에서 제기된 '일본형 복지사회구상'은 시장형 복지 도입을 제시하고 있는데 노인개호 분야는 시장기구를 통하여 제공되는 서비스를 활용하고, 복지수요의 다양화에 대응하여 영리적 기업 참여에 적극적인 입장을 보이고 있다(경기개발연구원, 1998: 120~121). 따라서 영리적 복지사업에 적극적으로 보조금, 정책금융을 적용하여 육성한다는 함축적인 뜻을 내포하고 있다.

정부의 지나친 개입이 복지손실과 수요자의 욕구변화를 따라가지 못하는 한계를 드러내게 되겠지만 한국과 같은 실버산업의 형성기에는 일정단계까지 지방자치단체와 정부가 적극적으로 지원하는 것이 바람직하다.

셋째, 개호보험과 부동산 담보연금식 금융상품개발이다. 현대와 같이 노후가 되면 결혼한 자녀들과 떨어져 사는 경우가 일반화된 사회에서 피보험자가 완전 의존형 와상노인으로 노화한다든지 상시 간호를 필요로 하는 상태로 건강이 악화되는 경우 개호연금을 지급하여 적절한 간호와 수발을 받게 하는 것은 노령화 시대가 진전됨에 따라 매우 중요한 정책 분야이다. 따라서 일본의 노후수발형 금융상품 개발은 좋은 모델이다. 동시에 현금자산은 갖고 있지 못하나 토지와 주택 등 부동산을 가지고 있는 경우, 생활자금을 연금식으로 대출해 주고 사망한 경우 부동산 자산을 처분하여 정리해 주는 상품이 매우 필요하다. 일본이든 한국이든 노령계층은 현금보다는 부동산을 소유하는 경우가 대부분임으로 부동산을 담보로 개호나 생활비를 제공하고 나중에 재산정리를 통하여 환급받는 제도는 매우 유용한 제도로서 개발이 필요하다.

넷째, 시니어 하우스(senior house) 제도의 공급이다. 1986년부터 지역 고령자 주택계획과 실버하우징 프로젝트의 일환으로 건설성과 후생성이 간호형 노인주택을 공급하고 있고, 1990년대부터 중간소득자를 위한 시니어 하우스 공급도 추진하면서 지역사회 내의 거주를 위한 주택공급을 하고 있다. 지방자치단체인 동경 시는 실버하우징 프로젝트를 보강하여 시행하였는데, 그 내용은 노인세대가 사는 주택에 생활지도원을 배치하여 생활상담, 안부확인, 응급시 보호할 수 있도록 하였다. 이 중 시니어 하우스 제도를 한국의 공공정책에 반영하여, 실버타운을 전문적으로 운영하는 공단을 설시하는 방안 등이 바람직할 것이다(백길석, 2002: 70~72).

3. 분석모형

가. 실버타운 모델정립을 위한 접근방법

1990년대 후반부터 현재까지 발표된 실버타운에 관련한 각종 논문이나 자료 등을 분석해 보면 대체로 세 가지 접근방식에 따르고 있다.

첫째, 노령화 인구의 증가에 따라 실버타운의 필요성을 제기하면서 공급자 측면보다 수요자 측면에서 접근하고 있다.

둘째, 공무원퇴직연금, 군인퇴직연금, 사학퇴직연금, 국민연금 등의 수급으로 노인인구의 경제적 상황이 실버타운에 입주할 수 있는 능력을 갖추고 있는 것으로 판단하고 있다.

셋째, 한국의 실버타운 유형을 대동소이하게 입지유형, 건물유형, 시설수준 유형으로 분류하고 있다.

이러한 세 가지 접근방식의 가장 큰 문제점은 실버타운 건립을 시장경제에 입각한 실물경제 흐름으로 보지 않고, 단지 수요의 증가만을 강조한다는 점이다. 즉 공급이 현실화되어야 한다는 접근방식으로 바라본다는 것이다.

두 번째 문제점은 실버타운을 한국적인 정서나 일상생활의 연장, 인간관계의 지속, 경제활동능력을 고려하지 않고 노인인구의 여가, 요양을 위한 주거장소로 인식하고 있다는 것이다.

마지막으로 제기할 수 있는 문제점은 노인인구의 정신적, 심리적, 신체적인 쇠퇴를 기본 배경으로 하는 이론을 전개하느라 실버타운 내에 완벽한 주거 및 활동공간이 건립되어야 한다는 것이다.

한국형 실버타운 모델정립을 위해서는 이와 같은 접근방식을 탈피해야 한다. 따라서 한국형 실버타운 모델정립 위해 다음과 같은 접근방식이 필요하다.

1) 시장경제 차원의 접근 필요

고령화 사회에 따른 노인문제에 대한 해결책을 기존의 모든 논문에서 다각적인 접근방식으로 훌륭하게 제시하고 있다. 실버타운도 그중 한 부분을 차지하고 있고, 실버타운에 대한 접근방식이 사회복지 학문차원에서 이루어지다 보니 대부분의 논문이 수요자 측면에 치중되어 민간부문의 공급자 측면을 두루뭉술하게 바라보고 있다. 그 단편적인 예가 실버타운 활성화를 위해 정부나 지방자치단체가 경제적인 지원을 확충해야 한다는 것이다. 물론 선진국의 실버타운처럼 정부나 지방자치단체의 경제적인 지원도 중요하다. 그러나 이러한 대안제시에 치중한다면 실버타운은 현재의 상태처럼 적자수준을 면치 못할 것이다.

정부나 지방자치단체, 사회복지단체, 종교단체 등이 실버타운을 건립하여 운영한다면 기존의 논문에서 제시하는 이론들은 아주 적합하다. 마찬가지로 소규모의 실버타운을 입주자 몇몇이 힘을 합쳐 건립해도 문제가 되지 않는다. 문제는 민간부문 공급자가 실버타운 건립에 참여했을 때이다.

민간부문 공급자가가 바라보는 실버타운은 사회복지 측면에서 바라보는 것과 달리 재화나 서비스에 지나지 않는다. 즉 재화나 서비스를 판매하여 이윤을 창출해야 하는 하나의 상품이다. 따라서 실버타운 건립을 사회복지 측면에서 접근하는 것이 아니라 경제적인 측면에서 이윤창출이 가능한지를 먼저 고려한다.

또한 실버타운에 투자하여 발생하는 이윤이 주식이나 증권, 여타 사업에 투자하여 발생하는 이윤보다 적다면 실버타운 사업에 참여하지 않는다.

이런 점에서 볼 때 민간부문 공급자의 실버타운에 대한 접근방식은 이윤창출과 기회비용이다. 이윤창출과 기회비용의 접근방식은 실버타운 사업에서 저비용 고효율의 성과를 얻고자 할 것이다. 이렇듯 민간부문 공급자 측면에서 볼 때 실버타운은 이윤창출이 가능해야 한다.

현재 한국의 실버타운은 거의 대부분이 적자수준을 면치 못하고 있다. 입소율이 저조한 것도 한 원인으로 나타나지만 가장 큰 원인은 도시형 실버타운 건립으로 투자비용과다, 정부·지방자치단체의 법적·경제적 지원 저조 등을 들 수 있다. 이러한 문제점을 해결하고 시장경제 논리에 입각한 이윤창출을 위해서는 기존의 실버타운 유형인 도시형, 도시근교형, 전원형을 한국형 실버타운 모델인 도시형과 도시외곽형으로 분류하여야 한다. 도시외곽형은 도시근교형과 전원형을 하나로 통합한 형태이다. 행정구역 분류상 시급 이상에 건립된 실버타운을 도시형으로 분류하고, 행정구역상 시급 이하에 건립된 실버타운을 도시외곽형으로 분류한다. 앞으로 도시의 과밀화 현상을 해소하고 지방의 인구감소를 해결하기 위해 도시외곽형에 정부나 지방자치단체의 법적·경제적 지원이 예상되므로 공급자 측면에서 볼 때 도시형보다는 한국형 실버타운모델인 도시외곽형 건립이 이윤창출을 위해서 더 타당할 것이다.

수요자 측면에서는 경제적 능력이 고려되어야 한다. 현재 건립된 실버타운은 노인인구의 경제적 능력을 볼 때 〈표 2-1〉에서 보는 바와 같이 국민연금을 제외한 나머지 연금들의 하한선인 110만 원 이상의 연금수급자가 65세 노인인구의 10%인 43만 명에 불과하여 극소수만이 입소할 수 있다(〈표 2-2〉). 이 또한 도시형 실버타운에 입소할 수 있는 인원은 18.6%인 8천 명 수준밖에 되지 않는다. 따라서 한국형 실버타운모델인 도시외곽형의 공급이 활성화되면 보다 많은 노인인구가 실버타운에 입소할 수 있을 것으로 예상된다.

<표 2-1> 연금 수령액

(단위: 천 원)

구분	1996년	1997년	1998년	1999년	2000년
국민연금 (노령연금)	-	-	-	360	230
공무원연금	1,140	1,190	1,170	1,170	-
군인연금	-	-	1,200	1,210	1,250
사학연금	-	-	-	1,340	-

자료: 보건복지부 노인복지과, 2007.

<표 2-2> 퇴직연금 수령 인원

(단위: 천 명)

구분	전국
공무원연금	342
군인연금	52
사학연금	36
계	430

자료: 보건복지부 노인복지과, 2007.

2) 실버타운에 대한 인식의 전환 필요

실버타운을 노인인구의 수용이나 격리, 요양형태로 인식하지 말고 가족(3세대) 간의 왕래, 지역주민과의 의사소통, 새로운 형태의 생활양식을 창출 등 일상생활의 연속성 차원으로 인식해야 한다. 현재까지 도시형 실버타운은 노인인구의 여가나 요양 수준의 형태에 머물고 있는 것이 사실이다. 또한 경제능력을 갖춘 노인인구들만의 공간으로 인식되고 있다. 도시형 실버타운은 가족(3세대) 간의 왕래도 일부 제약받고 있고, 지역주민과의 의사소통이나 새로운 형태의 생활양식 창출에 많은 제약을 받고 있다. 한국형 실버타운모델인 도시외곽형은 이러한 제약을 해소할 수 있는 여건을 갖추고 있다.

3) 수동적인 서비스에서 탈피하여 능동적인 서비스로의 전환 필요

실버타운의 생활서비스 또한 수동적인 서비스, 즉 문화활동, 여가활동, 의료서비스에 치우치는 것이 아니라 능동적인 서비스에 중점을 두어야 한다. 현재 실버타운 관련 논문이나 자료에서 제시하는 노인복지 서비스는 노인인구의 획일화된 수동적인 서비스에 치우친 것이 사실이다. 이는 노인인구가 부양을 받아야 된다는 전제를 기본으로 하기 때문에 발생되는 것이다. 노인인구가 부양보다는 능동적인 활동, 즉 자신의 경력을 토대로 한 봉사활동, 경제활동, 여가·문화활동을 하도록 하는 서비스를 제공한다면 노인인구의 삶의 질이 향상될 것이다. 도시형 실버타운은 수동적인 서비스에 치우칠 수밖에 없는 여건이지만 한국형 실버타운모델인 도시외곽형은 능동적인 서비스를 창출할 수 있는 여건이 형성되어 있다. 노인인구의 연령을 볼 때 65세부터 70세를 전후하여 경제활동능력이 가능하다. 그러나 도시형 실버타운은 이러한 노인인구의 경제활동

능력이 사장될 수밖에 없다.

한국형 실버타운모델인 도시외곽형은 전원의 형태를 포함하고 있기 때문에 경제활동이 가능하다. 즉 군·읍·면 단위는 농촌인구의 감소로 일손이 부족하고 노인인구가 노동활동을 다수 하고 있기 때문에 그들과 동질성을 갖는 경제활동이 가능하다.

나. 모델개발을 위한 고려사항 및 분석모형

실버타운 모델개발을 위한 고려사항은 공급적 측면과 수요적 측면에서 찾아볼 수 있다. 공급적 측면에서는 법적·제도적 측면을 들 수 있고 수요적 측면에서는 사회적 인식과 환경적 요건을 들 수 있으며, 환경적 요건은 입지조건, 입주비용, 주거시설, 여가시설, 생활서비스시설, 보건·의료서비스시설 등을 들 수 있다.

1) 공급적 측면

공급적 측면의 법적·제도적 측면은 설립관련부문, 정부지원부문, 시설운영부문 등이 있다. 설립관련부문은 허가절차 및 행정처리에 대한 단순화 및 신속성이 보장되어야 한다. 정부지원부문은 공급자의 투자를 유도할 수 있는 제도적 장치가 마련되어야 하며, 각종 세금에 대한 감세가 보장되어야 한다. 시설운영부문은 공급자의 실버타운 경영에 대한 투명성이 보장되어야 하며, 각종 시설서비스에 대한 인력확충이 선행되어야 한다. 또한 공급자의 부도에 대한 대책이 수립되어야 한다.

2) 수요적 측면

● 사회적 인식

젊은 세대의 경우 도시화·산업화·핵가족화로 인해 부양의식이 결여되어 가고 있다. 부모를 직접 모시기보다는 시설을 선택하는 방향으로 가고 있다. 그러나 아직도 실버타운에 대한 부정적 인식이 지배적이어서 실버타운을 활성화시키기 위해서는 첫째, 실버타운에 대한 국민의식이 전환되어야 한다. 특히 수요자인 노인 당사자나 가족 등은 노인주거집단 시설을 부정적으로 본다거나 자녀들이 부모를 노인시설에 입주시키는 것을 불효로 생각하는 것에 대한 사회적 인식의 전환이 개선되어야 한다. 또 시설 사업자가 노인을 대상으로 한 이윤추구를 매도하는 등의 의식은 이제 버려야 한다. 한국 노인들은 "자식이 있는데 자식 버리고 유료양로원에 갈 생각 전혀 없다. 몸이 약화되면 그때 가서 생각해 보겠다."라는 말을 보통 많이 하는데, 이는 유료양로원의 개념에 대한 정확한 인식 부족하에 유료양로원에 대한 부정적 견해를 반영한 표현이다.

둘째, 사회적 인식전환을 위해 긍정적인 이미지를 줄 수 있는 용어를 사용할 필요가 있다. 유료양로원은 원래 몸이 약화되었을 때 가는 곳이 아니고, 오히려 비교적 건강할 때 가서 생활의 편리함을 도모하는 곳이며, 몸이 약화됐을 때 가는 곳은 요양원이라고 설명하고 있다. 법률용어인 유료양로시설은 이와 같이 유료양로원으로 많이 불리는데 이러한 호칭은 무료양로원과 유사한 이미지를 갖기 때문에 일반인에게는 부정적인 의미를 준다. 따라서 유료양로시설이라는 명칭보다는 비교적 중립적이면서 긍정적 이미지를 주는 '노인주택', '노인홈' 혹은 '실버타운'이라는 용어를 공식적으로 사용하는 것이 바람직하다(김익기 외, 1999: 422~423).

실버타운의 성공 여부는 국가와 기업에만 달려 있는 것이 아니라, 구성원인 수요자의 역할이 중요하다. 즉 실버타운의 수요자는 실버서비스에 대한 정확한 지식과 정보, 그리고 여러 사람들이 함께 논의할 수 있는 환경과 조직, 필요한 경우 사회 운동적 차원에서 실버타운을 개선·보완할 수 있도록 하는 요청 등이 필요하다고 본다(현외성 외, 2000: 359~360). 그동안의 수용위주의 인식에서 벗어난 복지의 인식전환이 우선되어야만 할 것이다.

● 환경적 요건

① - 입지조건

입지조건으로는 첫째, 모든 비용은 거주자가 부담하는 것이 원칙이므로 저렴한 가격으로 구입이 가능한 곳이라야 하며, 둘째, 교통 등 인위적 환경이 좋아 지역사회로부터 격리감 또는 소외감을 느끼지 않으면서 지역서비스를 제공받기에 편리한 곳이라야 하며, 셋째, 의료 및 간호서비스에 대한 수요가 높으므로 병원 등 의학적 서비스를 받을 수 있는 곳과 가까이 있어야 하며, 넷째, 지형적 특성상 대지의 진입은 경사가 급한 비탈이 아니어야 하며, 다섯째, 자연경관 등의 혜택이 있는 곳이라야 하며 일반적으로 소음과 오염된 공기로부터 노인들을 보호하기 위하여 교통량이 많은 도로변은 피하는 것이 좋다.

실버타운은 입지위치에 따라 도시형, 도시근교형, 전원형으로 나누어지고 있는데 본 저자는 도시형, 도시외곽형으로 나누고자 한다.

　도시형 실버타운은 도시 지역에 위치하고 있는 실버타운을 의미한다. 도시형은 입지상의 조건으로 인해 각종 다양한 사회기반 시설들을 어려움 없이 활용할 수 있다는 장점이 있다. 지금까지 노인시설은 일반인들에게 기피시설로 인식되어 결국은 비주거 지역이나 낙후된 주거 지역 또는 경사가 심한 지역에 위치되는 경우가 많아 이로 인해 입주 노인들의 사회적 교류가 거의 불가능했었다. 이러한 문제를 개선하기 위해서는 주민들의 노인시설에 대한 인식의 전환이 가장 시급한 문제이며, 그 다음으로 시설과 주변 환경의 개선이 중요한 과제라고 할 수 있다. 시설의 형태상으로 보면 도시형 실버타운은 밀도를 높이기 위해 고층화로 계획되고, 집중형 평면으로 나타나는 경우가 대부분인데 옥외공간의 확보가 불리한 입지조건으로 서비스 공간은 주로 건물 안에 계획된다. 한국은 도시노인 인구 밀도가 다른 나라에 비해 상당히 높게 나타나는 현상을 볼 수 있는데 대부분의 노인들은 은퇴 후에도 자신의 기존 거주지가 있던 생활권 내에서 계속해서 생활하기를 바라고 있다.

　도시근교형 실버타운은 도시형과 전원형의 중간 형태로 도시에서 1～2시간 거리에 위치한 실버타운을 의미한다. 도시근교형은 토지가격이 비교적 저렴하고 넓은 부지를 확보할 수 있는 이점이 있다. 또한 부지가 넓어 건물을 신축하기에 편리하며, 도심과의 교통편도 편리하여 출퇴근도 가능하기 때문에 비교적 선호도가 높다.

　전원형 실버타운은 도시와 멀리 떨어진 전원 지역에 위치한 실버타운을 의미한다. 전원형은 다른 형태에 비해 우수한 자연환경을 가지고 있으며, 저가의 개발비용으로 이용료가 저렴한 장점을 가지고 있다. 또한, 도시 지역과 멀리 떨어져 있으므로 그 자체 내에서 거주자를 포함한 방문가족들이 독자적으로 생활할 수 있으며, 제반 편의시설이 갖추어져 있도록 계획된다. 관광단지나 리조트 등과 연계하여 개발될 수도 있으며, 시설의 공간배치도 이용자의 편의를 고려하여 여유 있게 설계할 수 있다. 하지만 도시와 공간적으로 격리되어 있어 고독감과 소외감을 느낄 수 있으며, 접근성이 나빠 노인들의 대내외적인 사회활동이 곤란하다. 시설 자체적으로 필요한 모든 시설을 갖추기가 현실적으로 어려우며, 시설의 수준도 다른 유형에 비해 낮아 노인들이 사용하기에 편리성과 안전성이 다소 뒤떨어진다.

도시형, 도시근교형, 전원형의 장단점을 정리하면 〈표 2-3〉과 같다.

〈표 2-3〉 도시형, 도시근교형, 전원형의 장단점

구분			내용
입지별	도시형	장점	종래 생활권의 연장으로 가족과의 교류가 가능 생활편의시설 등 도시기능을 활용 선호도가 높고, 운영 측면에서 유리
		단점	지가가 높아 신규부지확보가 어려움 건물의 고층화 등 사업비 증가 상대적 자연조건 불량
	도시근교형	장점	통근이 가능 지역주민과의 교류가 양호 안정된 토지가격으로 양호한 주거환경 조성이 가능
		단점	개발제한구역 등 건축제한 지역이 많음
	전원형	장점	온천, 명승지 등 관광적 요소 활용 자연환경 양호 종합적 노인 커뮤니티 형성
		단점	도시적 기능 미비, 고립감 생활필수시설을 단지 내 설치해야 함으로 개발비용이 높음 운영비용의 부담

② - 입주비용

입주비용은 사업방식에 따라 종신형과 임대형 그리고 분양형이 있는데 종신형에는 이를 다시 이용권형과 연금형을 구분할 수 있다. 국내의 현실은 일부 건설회사나 관광·레저회사의 경우 콘도미니엄이나 스키장, 골프장 등의 경우 회원권을 주로 이용하고 있으나, 실버타운이 아직까지 초보단계에 머무르고 있는 한국은 대부분이 유료양로시설이나 유료요양시설을 임대형으로 운영하고 있다.

종신형의 이용권형에는 입주자가 입주금을 일시에 지불함으로써 공동시설의 종신이용권 권리를 취득하는 형태로 생활서비스에 대한 경비는 매월 별도로 지불한다. 입주자는 입주금과 월 사용료에 대한 생활이 보장되기는 하나 운영주체가 시설운영을 계속할 수 없을 경우 입주자의 거주권에 대한 법적 보장이 없다.

임대형에는 입주 시 보증금을 지불하고, 임대형태로 계약하여 입주하는 것으로 생활서비스에 대한 경비를 매월 별도로 지불하는 형태이다. 장점은 계약해제가 자유롭고, 입주 초기에 비용부담이 적다. 단점으로는 입주자의 소득 감소 시 지속적인 입주생활이 어렵고, 임대료 상승 시 입주자 부담증가 및 퇴거의 우려가 있다.

분양형에는 입주자의 맨션구입과 동시에 건물 일정부분의 소유권을 취득하는 형태로 각종 서비스에 대해서는 별도의 계약을 한다. 장점으로는 입주자가 부동산이라는 재산가치를 보유할 수 있고 전매도 가능하다. 단점으로는 일반 부동산보다 유동성이 적어 상속, 양도의 제한이 있고 건물의 증축 및 개·보수 시 문제가 있을 수 있다(양경숙, 2000).

입주비용은 시설 입지조건 및 시설유형에 따라 상이하다. 도시형은 도심에 위치한 관계로 지가 및 개발비용이 높아 입주비용 또한 높다. 도시형 실버타운의 사례로 언급되는 서울 시니어스타워의 경우 입주보증금이 각 타입별로 상이하지만 평균 1억 원을 호가한다. 도시근교형의 사례로 언급되는 삼성 노블카운티의 경우는 한국 최고 수준의 시설로서 입주비용도 평균 4억을 상회한다. 전원형의 모델로 언급되는 수동 시니어타운의 경우는 평균 7천만 원을 상회한다.

③ - 주거시설

주거시설의 특성을 도시형, 도시근교형, 전원형으로 나누어 살펴보면 다음과 같다. 도시형의 경우는 대도시 입지하여 기존의 공공·상업·의료시설 등이 밀접한 관계를 유지할 수 있는 지역이다. 또한 시설형태는 가족동거의 3세대주택, 공동숙사 집단지구, 노인분리세대 등이 있다. 적정세대 규모는 100인을 수용하는 최소 10,000㎡ 이상이며, 구조는 아파트, 빌라 등 다양한 다층구조가 있다.

도시근교형의 경우 입지특성은 도시와 가까우며, 사회활동을 위해 대도시로 왕래가 가능한 지역이어야 한다. 시설형태로는 노인타운의 저층과 고층이 있으며, 또한 저층주거시설 및 레저·건강시설이 있다. 적정세대 규모는 300인 이상을 수용하는 최소 75,000㎡ 이상이어야 한다. 구조는 노인주거단지와 단독·연립주택 등이 있다.

전원형의 경우 입지특성은 자연환경과 관광자원이 풍부한 지역, 휴양, 농원 및 화단 가꾸기 등이 가능한 지역이다. 시설형태에서는 노인촌, 리조트 관광지, 휴양과 전원풍경의 다양한 주거시설이 있다. 또한 적정 세대규모는 500인 이상을 수용하는 최소 200,000㎡ 이상이어야 하며 구조는 휴양과 전원풍경의 주거시설 및 각종 편의·주거시설이 있다.

④ – 여가시설

최근 생활수준 향상으로 젊은 세대들이 여가활동을 즐기는 데 영향을 받아 노인도 여가활동의 중요성을 인식해 가고 있다. 직장에서 은퇴한 노인들도 자원봉사활동을 포함한 여러 가지 사회참여를 통해 자기 자신을 표현하는 것이 건강하고 보람 있는 노후를 보내는 것이라는 인식이 확산되어 가고 있다.

노인들의 편의를 제공하는 부대시설을 갖춘 종합 스포츠센터는 쾌적하고 아름다운 경관과 조화를 이룬 다양한 프로그램(수영, 헬스, 골프, 스쿼시, 에어로빅, 농구, 배구 배드민턴 등)들과 이·미용실, 스포츠 용품점, 주차장 등 고객 편의를 위한 부대시설을 갖춘 종합 스포츠센터가 운영되고 있다. 한편 목가적인 전원생활을 위해 자연과 더불어 텃밭을 일구며 건강도 함께 키울 수 있도록 제공한다. 도심의 다양한 문화를 그대로 접하도록 여가시설을 갖춘 시설이 요구된다.

⑤ – 생활서비스시설

일상적인 가사활동을 비롯하여 노인들의 생활과 안전을 위해 무동작 감지센서와 안전 손잡이, 응급콜, 할로겐 렌지, 단차 없는 공간을 이동하는 데 있어 불편함이 없도록 각 공간별 단차를 없앴다. 또한 생활하는 데 불편함이 없도록 여러 편의시설들을 설치를 하는데, 열기 쉬운 문손잡이, 깔때기형 열쇠꽂이, 수신전용전화기, 붙박이장, 세탁기, 마지막으로는 어르신들의 건강한 생활에 필요한 시설물들의 설치에서는 공기정화 시스템, 정수시스템 등을 갖춘 생활서비스 시설이 요구된다.

⑥ - 보건 · 의료시설

노인들의 건강을 위해 가까운 병원과 연계하여 내과, 외과, 재활의학과, 가정의학과 진료를 받을 수 있으며 실버타운 내에 조제실, 처치실, 주사 회복실을 갖추어 간단한 처치 및 치료, 투약을 받을 수 있어야 한다. 또한 건강검진기관으로 각종 혈액검사, 위 투시검사, 상복부초음파 검사, 유방 X선 검사, 폐 기능 검사, 골밀도 검사 등의 장비를 갖추는 것이 요구된다. 물리치료실에서는 수치료, 열전기치료, 운동치료 등의 치료시설을 갖추고 있으며, 재활의학과 전문의의 진료를 통하여 전문 물리치료 및 작업치료를 받을 수 있어야 한다.

3) 모델 개발을 위한 분석모형

한국형 실버타운 모델을 개발하기 위하여 분석모형을 정리해 보면 〈그림 2-1〉과 같다.

〈그림 2-1〉 분석모형

문제점 및 시사점 도출을 위한 분석 기준	한국형 모델

1. 공급적 측면: 법적 · 제도적 측면
 	
2. 수요적 측면
 1) 사회적 인식
 2) 환경적 요건
  - 입지조건
  - 입주비용
  - 주거시설
  - 여가시설
  - 생활서비스시설
  - 보건의료시설
	1. 기반조성
	 1) 공급적 측면
	  - 법적 · 제도적 측면
	 2) 수요적 측면
	  - 사회적 인식
	
	2. 모델
	 1) 도시형
	 2) 도시외곽형
	  - 입지조건
	  - 입주비용
	  - 주거시설
	  - 여가시설
	  - 생활서비스시설
	  - 보건의료시설
	  - 생산기능서비스

분석모형 설정은 현재 운영되고 있는 실버타운 유형을 중심으로 공급적 측면과 수요적 측면을 분석한 후 이를 바탕으로 하여 한국형 모델을 제시하였다. 공급적 측면은 법적·제도적 측면을 분석하였고, 수요적 측면은 사회적 인식과 환경적 요건을 분석하였다.

한국형 모델은 도시형과 도시외곽형으로 제시하였는데, 도시형은 기존의 도시형과 유사하고, 도시외곽형은 저자가 기존 유형인 도시근교형과 전원형을 통합하여 새로운 형태로 개발한 유형이다.

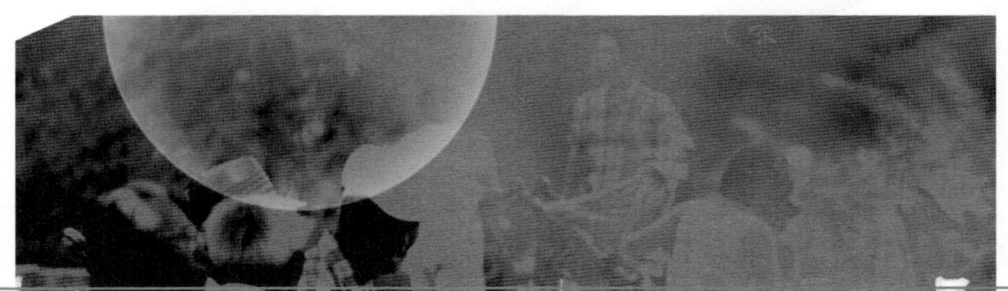

이제 한국형 실버타운이 필요하다

제2부

1장 한국의 실버타운 현황과 문제점

1. 실버타운 정책과 현황

가. 정책

실버타운 개발은 토지개발행위 관련법(도시계획법, 국토이용관리법, 농어촌개발 특별조치법, 대기환경보전법, 수질환경보전법, 자연공원법, 수도법 등)에 의거해 지정 및 승인을 취득한 후 노인복지법에 의해 노인복지시설 설치를 위한 인·허가를 취득해야 한다. 세부내용은 '주택건설촉진법'과 '건설법'의 규정을 일부 준용해야 한다.

유료인 실버타운에는 조세감면규제법의 사회복지법인 등에 대한 특별부가세 감면 조항만이 적용되고 있고 95년 이후 존재했던 국민연금 기금상의 융자지원도 지난 2000년 이후 중단된 상태다. 따라서 정부의 세제 및 금융상 지원이 미비한 상태다.

정부에서는 노인유료시설의 민간참여를 활성화시키기 위해서 95년부터 실시한 유료노인복지시설 설치자금에 대한 융자제도를 마련하여 시행하고 있다. 97년에 실시한 사업 시행내역을 보면 국민연금기금으로 1,000억 원을 마련하여 유료양로원 및 유료노인복지주택에 대하여 시설당 50억 원까지 융자받을 수 있도록 하였다. 융자조건도 3년 거치 5년 분할 상환에 연 8%로 비교적 좋은 조건으로 융자받을 수 있도록 되어 있다. 융자를 받을 수 있는 자는 지방자치단체, 법인은 물론 기업이나 개인도 가능하다고 되어 있다.

나. 현황

보건복지부의 자료에 따르면 〈표 3-1〉에서 보는 바와 같이 2006년 12월 말 현재 전국에는 81개의 실버타운이 있는 것으로 조사되고 있다. 이 중 유료양로시설이 69개, 유료노인복지주택이 12개로 6배의 차이를 나타내고 있는데, 이러한 이유는 유료노인복지주택이 90년대 후반부터 조성되기 시작하여 아직 실버타운으로서 소비자에게 인식되지 못하였고, 상대적으로 수요기반이 취약한 지방에서 출발하였기 때문으로 판단된다.

도시별로 실버타운을 살펴보면 경기도가 29개의 실버타운에 2,834명 정원으로 전체의 42.6%를 차지하여 시설수와 인원 측면에서 가장 많은 것으로 나타났다. 경기도 다음으로 시설 수에서는 충청남도(14개), 강원도(6개) 순으로 실버타운이 많이 소재하고 있는 것으로 조사됐고, 정원에서는 경기도 다음으로 강원도가 914명(13.7%), 서울특별시가 709명(10.7%)으로 많은 인원을 수용할 수 있는 것으로 조사되었다(보건복지부, 2006).

<표 3-1> 지역별 노인주거복지시설 현황

시·도	유료시설											
	소계				유료양로				유료노인복지주택			
	시설수	입소인원		종사자수	시설수	입소인원		종사자수	시설수	입소인원		종사자수
		정원	현원			정원	현원			정원	현원	
합계	81	6,652	3,771	1,282	69	3,974	2,490	685	12	2,158	1,281	237
서울	8	709	447	146	7	373	250	86	1	336	197	60
부산	4	602	402	46	1	40	40	6	3	562	362	40
경기	29	2,834	1,773	803	25	1,866	1,294	324	4	968	479	111
강원	6	914	75	50	5	314	71	46	1	60	4	4
충북	5	126	70	35	4	84	52	18	1	42	18	17
충남	14	523	336	97	14	523	336	97				
전북	3	219	234	15	2	69	49	13	1	150	185	2
전남	4	117	55	35	4	117	55	35				
경북	4	256	146	21	3	216	110	18	1	40	36	3
경남	4	352	233	40	4	352	233	40				

자료: 보건복지부, 2006.

특히 규모 면에서 정원 100명 이상 실버타운 현황 <표 3-2>를 살펴보면 17.3%인 14개가 대형 실버타운으로 조사되어, 현재 운영되고 있는 상당 부분의 실버타운이 중소규모로 운영되고 있음을 알 수 있다. 대형 실버타운의 50.0%인 7개가 서울과 경기에 위치하고 있어 규모에 따른 지역적 편중 현상이 심한 것으로 드러났다.

<표 3-2> 정원 100명 이상 실버타운 현황

(단위: 개소)

서울	부산	경기	강원	경남	전북	합계
2	3	5	1	2	1	14

자료: 보건복지부, 2006.

　실버타운의 입소율은 전체적으로 56.6%로 나타나 아직 실버타운이 활성화되지 않는 것으로 조사되고 있으며, 특히 유료노인복지주택의 경우 59.4%로 유료양로시설의 62.7%에 비하여 입소율이 떨어지는 것으로 나타났다. 이는 지방의 경우 구매력 있는 노인인구가 서울 및 수도권 지역보다 부족하며, 아직 대가족제도가 이어져 오는 곳이 많고, 분양 등으로 인한 비용이 과다 소요된다는 점이 입소율을 저하시키는 요인으로 분석된다. 지역별로는 전라북도가 106%로 정원을 초과하여 입소율이 가장 높은 것으로 나타나고 있으며, 부산 66.7%, 경상남도가 66.1% 순으로 나타나고 있다(〈표 3-3〉).

〈표 3-3〉 지역별 실버타운 입소율

(단위: %)

전북	부산	경남	충남	서울	경기	경북	합계
106.0	66.7	66.1	64.2	63.0	62.6	57.0	59.9

자료: 보건복지부, 2006.

　연도별 실버타운 설립 현황 〈표 3-4〉를 살펴보면 '03년 이후에 전체의 60.5%에 달하는 49개가 생겨남으로써 실버타운 설립이 불과 4년 사이에 활성화된 것으로 조사되었다. 이 중 유료양로 시설은 69개의 시설 중 '03년 이후 설립된 것이 41개로 59.4%를 차지했으며, 유료노인 복지시설은 12개의 시설 중 '03년 이후 설립된 것이 8개로 66.6%를 차지한 것으로 조사되었다.

〈표 3-4〉 연도별 실버타운 설립 현황

(단위: 개소)

구분	94년 이전	95~96년	97~98년	99~00년	01~02년	03~06년	합계
유료양로시설	5	6	3	7	7	41	69
유료노인복지주택	-	1	-	2	1	8	12
합계	5	7	3	9	8	49	81

자료: 보건복지부, 2006.

다. 실버타운 유형별 현황

1) 도시형

● 서울 시니어스타워

① - 위치

시니어스타워는 서울 중구 신당동에 위치하고 있으며 지하 1층, 지상 14층, 3,140평의 규모로 1998년 9월 21일 설립된 도심형 실버타운이다. 시니어스타워는 강서구 동촌동과 분당 구미동에도 분양 중인데, 두 곳은 보증금 방식이 아닌 완전 분양 방식으로 입주자를 모집 중이다.

② - 시설현황 및 수용규모

시니어스타워는 총 144세대에 15평형(68세대), 23평형(40세대), 30평형(36세대)으로 이뤄졌고 현재 입소자는 175명이다. 시니어스타워의 시설배치는 1층 프런트, 2층 라운지, 강당, 서예실, 영화·음악 감상실, 사랑방, 도서실, 이·미용실, 컴퓨터실, 가족실, 동호인 소회의실, 3층 간호사실, 사회복지사실, 식당, 4층~13층 주거생활시설, 14층 수영장, 사우나, 골프장, 야외휴게실로 구성되어 있다.

③ - 입주비용

〈표 3-5〉 서울 시니어스타워 평형별 입주보증금 및 월 생활비

(단위: 천 원)

평형	구분	입주 보증금	생활운영보조금	비 고
15평형(68세대)	A type	69,500	69,500	
	B type	68,750	68,750	
	C type	680,000	680,000	
23평형(40세대)	A type	105,450	105,450	* 1인 거주: 3,696,000
	B type	104,300	104,300	
	C type	103,150	105,150	* 2인 거주: 7,392,000
	D type	102,000	102,000	
30평형(36세대)	A type	139,000	139,000	
	B type	137,500	137,500	
	C type	136,000	136,000	

주: 월 생활비는 식사, 관리비, 생활서비스, 의료혜택 등 모든 서비스 비용을 포함한 금액임.
자료: 서울 시니어스타워, 2006.

④ - 입주자격

입주 예정일을 기준으로 60세 이상 건강하고 혼자 독립적인 생활이 가능한 자이며, 부부세대일 경우에는 한 분만 60세가 넘으면 가능하다(단 정신질환, 신장투석, 암 환자는 입소할 수 없다). 현재 입소자의 평균연령은 78세이다.

⑤ - 제공서비스 프로그램

〈표 3-6〉 서울 시니어스타워 제공서비스 프로그램

구분	서비스
의료간호 서비스	· 24시간 응급 시스템 가동을 통한 응급대비 서비스 · 간호사 항시 대기 및 수시건강체크 · 송도병원 및 각 클리닉과 철저한 연계서비스 · 정기적인 건강상담과 연 2회의 종합검진 서비스 · 부대병원(송도병원)에서 수술 및 입원 시 본인부담비용의 50% 서울시니어스타워 부담
사회복지 서비스	· 20여 가지의 월별 프로그램을 통한 지속적이고 체계적인 여가활동 제공 · 가족연계를 통한 개인의 심리적, 사회적 복지 서비스 · 어르신들과 지역 유관기관과의 교류 및 봉사를 위한 지원활동 · 각종 동호회 활동지원을 통한 자발적이고 적극적으로 참여유도
운동치료 서비스	· 연 4회의 운동 부하검사 및 운동처방 · 당뇨병, 비만, 요통, 관절염 클리닉 운영
생활 서비스	· 주거지 내 외의 주 2회 청결한 청소 · 정기적인 침구시트, 커튼 세탁 및 소독 · 공인회계사 및 변호사에 의한 재산, 세무 관련 상담 및 유언 등 제 법률상담
식사 서비스	· 매일 3식의 다양하고 신선한 영양식 제공 · 입주자의 취향, 기호, 건강상태에 맞게 본인이 직접 선택이 가능한 식사 · 영양사가 개개인에게 맞는 영양식과 각종 식이요법 제공

자료: 서울 시니어스타워, 2006.

⑥ - 특징

시니어스타워의 가장 큰 장점은 송도병원 옆에 건립되고 있어 완벽한 의료서비스를 제공받을 수 있다는 점이다. 또한 장기간 간병이 필요한 입주자는 별도의 너싱홈으로 옮겨 계약한다. 시니어스타워는 국내 실버타운 가운데 가장 좋은 평가를 받고 있는 곳이다. 신당동 본점, 분당 지점과 함께 최근 강서구 발산동에 지점을 열었다. 본점은 이미 입주가 완료된 상태이며, 강서타워와 분당타워는 완전분양방식으로 현재 분양 중에 있다. 대부분의 유료노인복지주택은 의식주가 겨우 해결되는 양로원 수준인 데 반해, 시니어스타워는 의료서비스 등 다양한 프로그램을 제공하면서 노년의 삶의 질을 보장하는 장소로 자리 잡았다.

다른 실버타운과 달리 입주방식이 특이하다. 입주순서는 입주대기 신청 → 종합건강검진 → 체험입소 → 계약서 작성 → 입주의 순으로 이루어지는데, 체험입소가 있다는 점이다. 체험입소의 경우는 종합건강검진 후 건강에 문제가 없을 경우에만 체험입소를 할 수 있는데, 체험입소는 입주 전에 입주예정자들이 생활하는 데 불편함은 없는지, 제공하는 서비스는 어떤 것이 있고 서비스의 질은 좋은지 등을 미리 경험할 수 있도록 한다는 점이다.

위치가 시내여서 은퇴하고서도 사회생활을 계속할 수 있다는 점도 장점이다. 그리고 주말이면 자녀들이 찾아오기에도 적당한 거리이다. 입주자 대부분이 자원 입주자들로 구성되어 있다.

⑦ - 단점

중산층 이상의 실버를 겨냥한 시설인 만큼 다른 곳에 비해 입주비용이 너무 비싸다. 따라서 입주자는 대부분 대학교수, 변호사 등 전문직, 교육계통이나 공무원 등으로 연금생활을 하는 사람이 대부분을 차지하고 있다.

● 경주 실버타운

① - 위치

2002년 2월 8일 개원한 경주 실버타운은 경북 경주시 충효동 69 - 2에 위치하고 있는 도시형 실버타운이다.

② - 시설현황 및 수용규모

경주 실버타운은 연건평 720평(지하 1층, 지상 5층)에 8평, 10평, 12평 등(40세대)으로 이뤄졌다. 현재 입소자는 40명이다. 경주 실버타운의 시설구조는 5층 건물로 식당, 목욕, 찜질방, 운동실, 휴게실, 이·미용실, 주거생활시설로 구성되어 있다.

③ - 입주비용

〈표 3-7〉 경주 실버타운 평형별 입주보증금 및 월 생활비

(단위: 천 원)

평형	월세형		종신위탁형	
	입주 보증금	월 생활비	입소비	월 생활비
8평형(1인실)	20,000	500	50,000	없음
10평형(1인실)	30,000	500	60,000	없음
12인실(2인실)	20,000(1인)	500	50,000(1인)	없음

자료: 경주 실버타운, 2006.

④ - 입주자격

60세 이상(부부는 한 분이 55세 이상)이며, 신체적, 정신적으로 건강하신 분으로 하고 있다. 현재 입소자의 평균연령은 80세이다.

〈표 3-8〉 경주 실버타운 제공서비스 프로그램

구분	서비스
의료간호 서비스	· 1층 전부를 노인병원으로 설립하여 의사, 간호사, 물리치료사를 상주 근무케 하여 매일 건강상담, 매월 정기검진, 성인병 예방, 식이요법지도 · 입주자에 한하여 무료로 해드리며 다만 특수촬영 및 수술할 경우에는 타 의료기관으로 연계, 소개, 진찰수속, 통원 치료 등을 제공한다.
사회복지 서비스	· 취미교실로서 노래교실, 국악교실, 노래방, 영화감상을 할 수 있다.

구분	서비스
생활 서비스	·24시간 방범 방재, 안전관리서비스, 식사부터 청소, 세탁까지 집안일을 대신하는 생활서비스, 쇼핑대행 및 관광 서비스, 카운셀링-민원 재무 법률 가정문제 상담서비스
식사 서비스	·매일 3식의 다양하고 신선한 영양식 제공

자료: 경주 실버타운, 2006.

⑤ - 특징

수도권 지역을 제외한 지방에서 보기 드문 도시형 실버타운으로 목사가 설립하여 부인과 함께 운영하고 있다.

⑥ - 단점

규모가 작고, 입소자들의 연령이 너무 높아 프로그램 운영에 제약이 따른다.

2) 도시근교형

도시형은 생활상 편리함은 있으나 주거환경이 좋지 못하고, 전원형은 상대적으로 격리되고 고립된 느낌을 가지고 있기 때문에 노인들은 도시와 전원의 중간 형태인 도시근교형을 선호하고, 특히 도시와는 1시간 반 정도의 거리에 위치하기 때문에 직장을 가진 사람들에게도 유리하여 도시근교형을 선호하는 경향이 있다. 도시근교형 실버타운 모범사례로는 삼성 노블카운티와 유당마을을 소개하고자 한다.

● 삼성 노블카운티

① - 위치

1996년 9월 착공하여 2001년 5월 9일 개원한 삼성생명의 노블카운티는 경기도 용인시 기흥읍에 위치하고 있다.

②-시설현황 및 수용규모

노블카운티는 지상 20층, 지하 3층의 2개 동으로 부지면적은 68,539평, 연면적은 48,428평으로 구성되었다. 노블카운티는 총 550세대가 입주할 수 있으며, 현재 입소자는 320명이다. 이 중 건강한 입소자가 269명, 나머지는 요양시설에 있다. 임대면적은 36평형, 46평형, 50평형, 56평형, 72평형이 있다. 그리고 너싱홈으로 197베드가 있다.

③-입주비용

<표 3-9> 삼성 노블카운티 평형별 입주보증금 및 월 생활비

평형	세대수	1인 입주 시		2인 입주 시	
		입주보증금	월 생활비	입주보증금	월 생활비
30	15	2.88억 원	123만 원	3.58억 원	209만 원
36	132	2.88~4.45억 원 (2.31~3.84)	133만 원	3.58~5.15억 원 (2.81~3.84)	219만 원
46	30	4.80~6.03억 원 (3.34~3.84)	154만 원	5.50~6.73억 원 (4.34~4.91)	240만 원
50	25	5.00~5.40억 원 (3.18~3.26)	160만 원	5.70~6.10억 원 (4.70~5.03)	246만 원
56	25	5.75~6.40억 원 (4.0~4.17)	166만 원	6.45~7.11억 원 (5.32~5.87)	252만 원
72	42	5.76~9.28억 원 (4.61~7.15)	189만 원	6.46~98억 원 (5.33~8.23)	275만 원

자료: 삼성 노블카운티, 2006.

④-입주자격

입주방식은 고액의 입주보증금과 더불어 상류층의 건강한 노인을 대상으로 선별해서 입주시키는 방식이며, 입주예정일 기준 만 60세 이상, 부부입주의 경우 한 분이 만 60세 이상이면 입주가 가능하다. 현재 입소자의 평균연령은 74세이다.

⑤ - 제공서비스 프로그램

〈표 3-10〉 삼성 노블카운티 제공서비스 프로그램

구분	서비스
식사서비스	· 1일 3식 복수 메뉴, Table Service · 의사처방에 의한 치료식 제공
가사서비스	· 주2회 거실 바닥 청소 실시, 침구류 세탁 서비스, 건조형 세탁기 제공
생활편의서비스	· 생활상담, 재무 관련 코너 설치 · 셔틀버스운행(서울 강남, 수원)
건강관리서비스	· 24시간 간호사 응급대기, 연 2회 건강검진, 건강상담, 영양상담, 운동처방 · 클리닉(내과, 외과, 가정의학과, 재활의학과, 치과) 이용
문화 · 여가서비스	· 스포츠센터이용, 입주자 전용강좌 수강 및 이벤트 참여 · 스포츠문화센터 강좌 수강 시 외부인 수강료의 50% 할인

자료: 삼성 노블카운티, 2006.

⑥ - 특징

국내 최고수준의 유료시설로 비용도 가장 비싸다. 자원입소가 대부분이다. 가족들에 의해서 입소한 입소자는 적응을 못 하고 퇴소하는 경우가 많다.

실버타운 내에 어린이 집을 운영하고, 생활분화센터와 스포츠 센터의 모든 시설을 지역 주민에게 개방함으로써 입주자와 주민이 함께할 수 있도록 하여 입주자들의 고립문제를 해결하려고 한 것도 특징이다. 자연경관이 다른 곳에 비교하여 무척 좋은 편이다.

㉠ - 단점

서울 시니어스타워같이 입주자들에게 부담되는 비용이 너무 비싸다는 것이다. 입주자들은 전직 장관, 군 장성 등 고위층이 많다. 따라서 경제력이 없는 노인은 입소가 불가능하다.

● 유당마을

① - 위치

경기도 수원시 장안구 조원동 119 - 3번지에 소재하고 있다. 국내 최초로 1988년 7월 유료노인주거복지시설로 건립된 유당마을은 입주자들의 요구에 의해 1996년 유료요양원을 개원하여 본격적인 노인복지시설의 틀을 갖추게 되었다.

② - 시설현황 및 수용규모

유당마을은 사단법인 '재성'으로 설립되었으며, 대지 3,308평, 건평 2,170평 규모 외 지하 1층 지상 3층의 초현대식 건물에 106세대의 수용시설을 갖추고 있다. 입소정원 120명이며 현재 입소자는 89명이다.

지하 1층에는 다목적실, 물리치료실, 게이트볼 연습실, 취미실, 세탁실, 운동실 등이 있으며, 1층에는 사무실과 객실, 그리고 휴게실, 부소의원, 사우나, 자동목욕실, 간호사실, 식당, 상담실, 매점 등이 있고, 2층에는 객실과 휴게실 등이 있다. 3층에는 객실과 시청각실, 세미나실, 대강당 등이 있다. 그리고 외부공간에는 화훼농원, 유당 농장 등이 있다.

③ - 입주비용

<표 3-11> 유당마을 평형별 입주보증금 및 월 생활비

(단위: 천 원)

구분		평형(실평수)	월 생활비(1인)	보증금	
				*전향(SW)	*후향(NE)
1층	1인실	16평(7평)	900	52,500	
	2인실	32평(14평)	900	157,500	
3층	1인실	16(7평)	900	52,500	49,000
		21(9평)	900	67,500	63,000
	2인실	32(14평)	900	157,500	147,000
4층	1인실	21(9평)	900	63,000	58,500
	2인실	32(14평)	900	98,000	91,000
		41(18평)	900	126,000	
		49(21평)	900	147,000	

* 전향(SW): 남서 방향으로 전망이 트인 방
* 후향(NE): 북동 방향으로 산을 접한 방

주: 전향(SW) 남서 방향으로 전망이 트인 방, 후향(NE) 북동 방향으로 산을 접한 방
자료: 유당마을, 2006.

④ - 입주자격

만 60세 이상의 신체 건강한 노인 및 부부와 소정의 생활비를 부담할 수 있는 노인으로 보증인(자녀)과 동행으로 직접 내원하여 시설견학 및 상담 후 결정하도록 하고 있다. 현재 입소자들의 평균 연령은 80세이다.

⑤ - 제공서비스 프로그램

〈표 3-12〉 유당마을 제공서비스 프로그램

구분	서비스
의료간호서비스	· 24시간 상주간호사 항시 대기 · 연 1회 이상 정기검진 실시 · 정기적인 건강상담과 건강강좌, 운동처방 · 의사처방에 의한 투약 및 처치 · 의사방문 진료서비스
가사서비스	· 청소서비스 및 세탁서비스 · 일상생활서비스 · 시설관리서비스
문화서비스	· 문화, 교양강좌, 동호회활동 · 레저, 스포츠, 레크리에이션, 종교활동 · 각종 초청공연, 유적답사, 가족참여행사, 치매예방프로그램
생활편의서비스	· 생활상담, 행정업무대행, 세무법률상담서비스, 재무관리 · 외출차량지원, 이·미용서비스, 목욕서비스, 셔틀버스운행(1일 4회)
재활서비스	· 물리치료, 치료레크리에이션, 노인 건강체조, 개인 텃밭운영

자료: 유당마을, 2006.

⑥ - 특징

유당마을은 수원시 광교산 기슭에 자리 잡고 있으며, 관공서와 대형 쇼핑타운 및 종합병원 등이 인접해 있음으로써 나름대로 전원과 도심의 생활환경이 혼합된 곳이다. 국내 실버타운 1호라는 점에서 해마다 언론매체의 취재를 통해 1년에 적어도 2회 이상의 홍보효과를 누리고 있다.

유당마을에 생활하고 있는 입소자들이 도시근교형 중에서 선호하는 이유 중의 하나는 다른 곳보다도 서울이라는 기존의 생활권에서 멀지 않고 자연환경, 교통 등 사회 환경이 잘 갖추어졌다는 점이다.

⑦ – 단점

유당마을의 입소자들은 대다수 경제적 능력을 갖고 생활수준이 중산층 이상에 해당하고 건강상태가 양호한 편이다. 그러나 요양병원을 갖추고 있지 못해 도중에 병이 들거나 몸이 너무 허약한 노인은 입주가 불가능하다는 단점이 있다. 따라서 의료시설이 없다는 점에서 다른 실버타운과 경쟁력이 떨어지고 있다. 유당마을이 개원 이후 10여 년간 적자를 면치 못하는 이유 중의 하나이다.

그리고 유당마을에서 얼마 떨어지지 않은 곳에 고속도로(신갈 – 안산 간)가 있어 소음이 심한 편이다.

3) 전원형

후기연령단계가 되면, 온난하고, 자연이 잘 보존되어 있는 지역을 좋아한다. 인간은 자연에서 왔다가 자연으로 돌아간다는 자연의 섭리, 산악의 아름다움, 바다와 호수가 더욱 좋고, 그리고 수목림 등과 같이 축복받은 자연을 활용한 환경이 전원형의 가장 큰 매력이라고 할 수 있다. 다만, 그 경우에도 의료의 중요성을 잊어서는 안 된다. 실제로 입주한 사람들 중에 후기연령단계에 들어가면, 같은 자본의 경우, 도시형이나 도시근교형에서 전원형으로 옮겨 오는 추세다.

전원형 실버타운 모범사례로는 수동 시니어타운과 실버텔 장자동을 소개하고자 한다.

● 수동 시니어타운

① – 위치

경기도 남양주시 수동면 운수리 산 14 – 7번지에 위치해 있으며,

2003년 7월 5일 개원하였다. 원래 설립목적은 은퇴한 목사들을 위한 실버로 설립하였다. 그러나 지금은 일반인들도 입주하고 있다.

② - 시설현황 및 수용규모

수동 시니어타운은 기독교 재단에서 운영하는 것으로서, 13,537.99㎡(4095.24평) 규모의 지하 2층 - 지상 10층의 초현대식 건물에 32평형 65세대, 16평형 123세대의 수용시설을 갖추고 있으며 입소정원은 253명인데, 현재 입소자는 100명이다.

③ - 입주비용

〈표 3-13〉 수동 시니어타운 평형별 입주보증금 및 월 생활비

(단위: 천 원)

평형	세대수	입주 보증금	월 생활비
16평	123	56,000~86,000	27(1인)
32평	65	152,000~172,000	54(2인)

자료: 수동 시니어타운, 2006.

④ - 입주자격

자신의 의사로 입주를 결정할 수 있는 분이나 60세 이상으로 단독취사 및 독립생활에 지장이 없는 분이다(부부 입소 시 한 명이 60세 이상이면 가능). 현재 입소자들의 평균연령은 70세 후반이다.

⑤ - 제공서비스 프로그램

〈표 3-14〉 수동 시니어타운 제공서비스 프로그램

구분	서비스
신앙관리 서비스	· 연중무휴로 진행되는 집회 · 도서관 - 신문 잡지는 물론 은퇴 목사들을 위한 교양, 신앙서적, 인터넷 설치로 가족 간 이메일 송수신
문화 · 레저 서비스	· 음악 · 영화 감상실 - 음악 감상실을 겸한 TV영화, 자연다큐멘터리, 클래식 청취 · 실내 수영장 - 3인 전용 풀장 · 헬스, 에어로빅장 - 기수련은 물론 헬스 기구를 설치, 심신수련 가능 · 유황 광천수 사우나
건강관리 서비스	· 정기검진 - 병원의 건강 진단 팀으로부터 정기적 건강 진단 · 물리치료 - 찜질, 적외선 치료, 초단파, 허리지압, 목지압 및 건강 마사지 · 간호 간병 서비스, 일반식과 치료식 식사 제공
생활편의 서비스	· 세탁 · 건조실 운영, 이 · 미용서비스 · 생활정보제공 - 신문 잡지 등을 도서실이나 휴식공간에 비치하고 인터넷을 통한 생활 정보와 뉴스, 오락, 스포츠 등을 즐길 수 있도록 유선 TV 설치 · 셔틀버스 운행(일일 4회 운행)

자료: 수동 시니어타운, 2006.

⑥ - 특징

현재 입주 중인 다른 실버타운과 비교할 때 시설이 좋으면서도 가격이 저렴하다. 기도원과 정신요양병원이 함께 있다. 그리고 근처에 시에서 운영하는 노인복지회관이 같이 있다.

앞으로 수동 시니어타운의 체인망 형태로 설립될 실버타운은 이용하는 사람끼리 합의에 의해 주거지를 교환하여 선택적으로 이용할 수 있도록 할 계획이다. 부족한 운영재정은 서울 성북교회에서 일부를 지원받고 있다.

실버타운의 종사들이 대부분 종교인이어서 사랑과 봉사정신으로 마음의 상처가 많은 입소자들은 위로하여 치료하고 있다.

⑦ - 단점

전원형이다 보니 도시와 지리적으로 멀리 위치해 있어 너무 고립되어 있다. 아직은 영세하다 보니 전원형이면서도 농장을 운영할 만한 부지를 마련하지 못하고 있다. 큰 평수(32평형)의 공간은 잘 분양되지 않은 실정이다. 본인이 원해서 온 노인보다는 자녀들에 의해 떠밀려 온 노인이 있다 보니 마음에 상처가 많아 프로그램 운영에 어려움이 있다.

● 실버텔 장자동(구 가야산 실버홈)

① - 위치

실버텔 장자동은 1996년 8월에 개원하였으며, 위치는 경남 합천군 가야면 치인리 341번지로서 가야산 해발 850m 위치에 있다.

② - 시설현황 및 수용규모

실버텔 장자동은 불교 스님이 운영하는 것으로서, 건축면적은 1,608평으로 입소정원은 122명이며, 현재 55명이 입소해 있다.

③ - 입주비용

〈표 3-15〉 실버텔 장자동 평형별 입주보증금 및 월 생활비

(단위: 천 원)

구분		세대수	입주 보증금	월 생활비
15평	123세대	위탁형	69,500	499
		종신형	69,500	1,980
32평	65세대	위탁형	150,000	900
		종신형	150,000	3,000

자료: 실버텔 장자동. 2006.

④ - 입주자격

60세 이상의 남녀, 부부, 형제, 자매 또는 혼자 살고 있는 분이나 노인성 질환으로(가벼운) 휴양, 요양이 필요한 분이다. 현재 입소자의 평균연령은 74세이다.

⑤ - 제공서비스 프로그램

〈표 3-16〉 실버텔 장자동 제공서비스 프로그램

구분	서비스
문화 · 레저 서비스	· 골프 연습장, 배드민턴장, 게이트볼장 및 옥외 휴게편의시설 · 대목욕탕(사우나실), 운동실(실내헬스) · 주말농장 및 회원 텃밭, 노래방 시설(다목적 홀)
건강관리 서비스	· 매월 건강상담, 매월 정기검진 기록관리, 방문건강상담, 건강강좌실시 · 24시간 의료차량대기, 연중무휴의사, 간호사 상주, 성인병예방 지도 및 식이요법지도 · 연 2회 정기종합검사, 물리치료실 운영
생활편의 서비스	· 노인 문제 연구소나 전문 상담원을 초빙하여 정기적으로 상담을 실시 · 생활 주거동 및 거실의 청소 및 세탁 등을 해드리며 은행 및 우체국 등의 업무보조

자료: 실버텔 장자동, 2006.

⑥ - 특징

산 위에 위치에 있으므로 여타 실버타운에 비교하여 보았을 때 자연경관이 아름답고 공기가 무척 좋다. 2시간 정도의 삼림욕 등산 코스가 있다. 기존의 운영자가 부도가 발생하여 스님이 인수하여 현재 운영하고 있다.

⑦ - 단점

병원시설이 없으며, 주변도시와 너무 멀리 있어 입소자들이 주변 도시의 문화시설을 자유롭게 활용하지 못해 만족도가 낮다. 수동 시니어타운과 마찬가지로 전원형이다 보니 도시와 지리적으로 멀리 위치해 있어 너무 고립되어 있다. 때문에 자녀와의 만남도 용이하지 않다.

2. 실버타운의 문제점

가. 공급적 측면

1) 설립 관련 부문

● 허가 절차 및 행정 처리의 복잡성

유료 노인주거시설을 건축하기 위해서는 먼저 대지를 확보하여야 하는데, 토지개발관련법에 의하여 승인을 얻은 후에 노인복지법에 의거 노인주거시설의 설치 인·허가를 획득하는 과정을 거쳐야 한다. 그러나 건축허가 과정에서 국토이용관리법, 도시 지역은 도시계획법, 준도시 지역의 취락지구와 시설용지 지구는 택지개발촉진법, 준농림 지역의 단위시설사업은 산림법 및 농지법의 규정에 의하여 전용과정을 거치게 된다. 유료노인복지시설을 건축하는 것이 도시계획 대상사업에 해당하는 경우에 부지의 결정, 도시기본계획의 수립, 도시계획의 입안, 도시계획의 결정, 도시계획에 관한 지적 고시, 도시계획사업 시행 등의 절차를 이행해야 한다.

도시계획법에 의한 사업 추진사항으로서 토지거래허가 지역 또는 신고 지역에 따른 토지거래 허가를 취득한 후 도시계획사업 실시 허가서를 작성, 도시계획 관련 부서의 협의를 거쳐 사업의 타당성, 관련 법규의 저촉 여부, 도시계획상 지역 지구 내 건립가능 여부 등에 대하여 지방 또는 중앙도시계획 위원회의 심의를 득하여 결정(도시계획법 제2조, 동법 시행령 제2조)하도록 되어 있다. 그리고 도시계획사업의 결정 이후 별도로 건축법 제8조에 의한 건축허가를 취득하여야 하며, 건축 허가 시에는 제반 관련 법규의 저촉 여부가 세부적으로 검토되어야 한다(은희상, 2001 재인용).

따라서 유료 노인주거시설은 다양한 부처와 관련되어 있기 때문에 상호협력과 중계가 이루어지지 않으면 업무의 신속한 처리가 매우 어렵다. 특히 시설의 인·허가와 관련된 민원서류가 접수되는 경우, 관련 법규의 미비로 인하여 중앙정부의 관련 부서에 유권해석을 의뢰해야 하기 때문에, 민원신청자 본인이 직접 찾아다녀야 하는 경우가 발생한다. 이와 같은 절차와 과정상의 복잡성은 제도적 저해요인으로 크게 작용한다.

● 시설 허가 및 신청 시기 관련 규정의 문제점

개인 및 기업이 설치하는 노인주거시설이 노인복지시설로 허가를 받기 위해서는 5층 미만인 경우에는 조적 공사 완성 시에, 5층 이상인 경우에는 전체 골조의 1/2 이상 완성 시에 시설설치 허가를 할 수 있도록 규정하고 있다. 이것은 유료노인주거시설을 설치 운영하고자 하는 자는 우선 시설설치를 위해서 상당액을 투자한 연후에 주무관서의 허가를 받으라는 뜻이다. 따라서 업자 측으로서는 시설건축이 상당부문 진행되고 있는 시점에서 시설허가 신청을 했다가 만일 허가가 나지 않을 경우 이미 투자한 비용에 대한 손해를 감당해야 한다는 문제점을 안게 된다.

또한 시설부지 매입 후 시설 허가 시까지 입주자 모집은 시설 허가를 받은 후 가능하도록 되어 있다. 이로 인해 기업체들은 투자한 자금의 회수 기간이 장기화될 수밖에 없고 또한 그것은 이자 부담률의 상승요인으로 작용하고, 이러한 상황은 종국적으로 입소자들의 부담을 가중시키는 문제점이 되고 있다.

2) 정부지원 부문

● 유료노인주거시설의 건축부적격자 지원 문제

노인주거복지시설을 실버타운으로 95년 10월에 건립한 보리수마을이 부도 위기를 맞고 있다고 언론에 보도된 적이 있다. 이로 인하여 입주자들이 입주금을 잃어버릴 형편에 있다고 한다. 국회의 국정감사에서도 주거시설 건립 무자격자에게 허가와 융자를 남발하여 노인들의 부담을 가중하고 있다고 지적했다. 이 지적 내용에 의하면 정부의 융자계획지침은 허가·융자 대상자를 총 투자액 30% 이상을 자기부담할 수 있는 자로 규정하고 있으나 총 공사비 자기부담 비율이 30% 미만인 무자격자들에게 융자가 남발되고 있는 것으로 밝혀졌다. 특히 이들 업체에서는 보증금을 신고액보다 높게 받고 있거나, 편법으로 평생 생활비 명목으로 일시불을 받고 있어 유료노인주거시설의 허점을 드러냈다. 따라서 정부에서는 유료노인주거시설 융자계획지침을 엄격하게 정하여 본 지침에 의하여 지원할 뿐만 아니라, 기업의 운영을 철저히 파악하여 융자를 해주어야 한다. 왜냐하면 부실기업이 이익만을 추구하기 위하여 과다하게 융자를 신청하는 경우가 있기 때문이다, 기업에서는 100% 분양이 될 것이라고 예측하지만 아직까지 유료노인주거시설에서 분양을 받는 노인들이 그리 많지 않은 것이 현실이다.

● 세금제도 문제

미국이나 북유럽 국가 등 선진국에서는 노인주거시설 등을 건설·운영하는 데 있어 세제혜택을 적극 지원하고 있다. 정부의 건축비 지원, 시설자금의 장기저리 융자, 조세 감면 등의 혜택을 받아 실버산업에 민간의 참여가 활발히 이루어지고 있다. 우리도 민간기업을 육성하고 유료노인복지시설에 대한 투자환경을 조성하기 위하여 노인시설에 대한 사회적 지원이 확대되어야 한다.

현재는 지방세법에 의하여 취득세, 등록세 등을 조례를 통해 면제할 수 있게 하고 있으며, 이에 따라 유료노인복지시설 설치허가를 받은 자가 유료노인복지시설을 설치하기 위하여 취득하는 부동산에 대해서 취득세와 등록세를 면제하도록 하고 있다.

한편, 유료노인복지시설에 직접 사용되는 부동산에 대해서 재산세와 종합토지세의 50%를 경감하고 있지만 경영 초기의 재정적자를 경험한 민간기업에게는 보다 많은 지원이 있어야 실버타운의 건설을 위한 유인책이 될 것이다. 그리고 유료노인복지주택을 소유권 이전이 가능한 분양으로 공급할 경우에도 노인복지시설 설치허가를 받은 시설 설치자와 같이 입소노인에게 부과되는 취득세, 등록세를 면제해 줄 수 있는 법 개정 조치가 되어 있지 않아 노인복지시설에 부과되는 재산세와 종합토지세의 면제를 받지 못하고 있는 상태이다.

● 부가가치세

노인복지시설 운영주체가 입소노인들로부터 매월 받아들이는 시설운영비 등에 10%의 부가가치세가 부과되고 있다, 노인복지의 향상을 위하여 실버산업을 운영하는 업체에 대하여 부가가치세의 미적용이나 감면을 통하여 운영업체의 부담을 덜어주어야 하는데 그러지 못한 실정이다.

● 부동산 임대사업 소득세 및 양도소득세

유료노인복지시설의 설치자는 입소노인들로부터 받은 입소보증금에 대하여 부동산 임대사업 소득세를 부담하여야 하며, 이는 시설운영관리비 등의 형태로 입소노인들에게 전가될 수밖에 없다. 따라서 입소노인들의 비용부담을 경감하려면 유료노인복지시설에 대한 임대사업 소득세를 면제하거나 낮은 세율을 적용하여 입소노인들의 부담을 경감시켜 줄 필요가 있다. 한편 유료노인복지주택을 분양받은 입소노인이 일정 기간 시설에 기거하다 다른 시설로 옮긴 경우나 자식과 함께 살기 위하여 분양받은 시설을 양도할 경우에는 양도소득 금액에 대해 감면이 되지 않고 있는 상태이다.

● 개발 부담금

개발이익환수에 관한 법률에 의하면 개인이나 법인이 임야 또는 농지를 택지로 변경할 경우 개발이익의 일부를 환수하기 위하여 국가가 사업시행자에게 개발 부담금을 징수한다. 그리고 개발이익환수에 관한 법률 제7조 1항에서는 국가가 시행하는 개발사업과 지방자치단체가 공공목적을 위하여 시행하는 개발사업에 대하여 개발 부담금을 면제하고 있으며, 제7조 2항의 경우는 개발부담금의 50%를 경감하고 있다. 그런데 노인복지주거시설로서 실버타운을 조성할 경우에는 개발부담금의 면제를 받을 수가 없고 지방자치단체가 시행하는 개발사업이라고 보기도 어려우므로 개발부담금의 경감을 받기도 어려운 입장이다.

3) 시설운영 부문

● 운영상의 문제점

한국 유료노인주거시설은 대부분이 적자 운영으로 어려움을 겪고 있다. 그 이유로는 설립 시기에 정부로부터 재정지원은 전혀 받지 못한 상태에서 현실성 없이 낮게 책정하도록 제재받은 입주보증금 및 월 생활비 때문이며, 입주한 노인들의 높은 유동성, 시설에 대한 사회적 편견으로 인한 낮은 입주율, 시설운영의 경험부족에서 오는 문제점 등을 지적할 수 있다. 이러한 시설의 영세성은 시설운영의 폐쇄성과도 연결된다.

사회복지법인 및 시설의 운영을 개방하고 친인척 중심의 운영을 방지하기 위해 사회복지사업법 제18조에서는 사회복지법인의 경우 이사 5인 이상, 감사 2인 이상을 두도록 규정하고 있으며, 이사회 구성에 있어서 친인척 등의 관계를 가진 자가 이사 현 인원의 1/3 이상을 초과할 수 없도록 정하고 있다. 그러나 이에도 불구하고 상당수 경우 이사회는 형식적으로 운영되고 있으며, 조사결과를 통해 보더라도 사회복지법인의 대표이사와 시설장이 친인척 관계인 시설이 43.1%에 달하고 있으며, 전체 종사자의 상당수가 법인대표나 시설장과의 친인척관계일 뿐 아니라 후원금의 수입과 집행이 공개되지 않는 등의 문제들이 발생하고 있다.

또한 유료노인복지시설에서도 자체적으로 전문적 서비스를 거주자들에게 제공하기 어려운 경우에는 지역사회의 사회복지자원을 활용할 수 있어야 한다. 이를 위해 시설은 지역사회와 상호 연계체계가 구축되어 있어야 한다. 그러나 폐쇄적으로 운영되고 있는 시설에서는 지역사회와의 연계는 거의 이루어지지 않고 있기 때문에 이러한 시설에서 생활하고 있는 거주자는 가용자원이 있음에도 불구하고 방치하고 있는 실정이다.

● 시설 서비스의 문제점

유료노인복지시설의 서비스 제공의 문제는 필요한 인력을 확충하지 못한다는 데 있다. 인력 수급의 문제점으로는 첫째, 운영자금이 부족하고 시설의 특성상 지방에 위치하여 필요한 인력을 확보하기가 어렵다는 점, 둘째, 자원봉사 인력부족과 3D 현상, 그리고 저임금으로 인한 생활보조원 활용 인력이 부족한 점, 셋째, 고령환자의 발생률이 높음에도 불구하고 간병인력이 부족하다는 점이다. 시설 운영경비 중에서 인건비가 차지하는 비중이 과다하여 시설 운영과 재정에 어려움을 호소하고 있지만, 종사자 입장에서는 처우와 근무환경의 열악한 조건으로 지원을 기피하고 있는 것으로 드러났다.

● 입소 보증금에 대한 문제점

유료노인주거시설은 입주자로부터 일정액의 보증금을 받고 운영하고 있다. 한국의 실버타운은 초창기이기 때문에 실버주택에 대한 운영의 경험이 거의 없을 뿐만 아니라, 성공 여부도 불확실한 실정이다. 입주 시에는 많은 금액을 보증금으로 예치하고 생활하고 있는데, 만약 실버주택을 운영하는 과정에서 부도가 날 경우에 보증금에 대한 문제가 야기될 수 있다.

나. 수요적 측면

1) 사회적 책임과 인식

● 사회적 책임

농경문화권의 전통적 가족구조하에서는 노인이 소유한 경험과 지식이 자녀들의 생활에 기본이 되었으나, 산업사회에서는 노인의 지식과 경험을 쓸모없게 만들어 결국은 노인계층을 가정과 사회로부터 소외계층의 존재로 전락시켰다. 뿐만 아니라 산업사회에서 일어나는 핵가족화 추세는 전통적 부양을 위태롭게 하여 현대사회의 노인문제로서 노인부양문제가 대두되게 되었다. 이러한 일련의 과정에서 나타난 문제는 노인 개인의 노후생활안정에 위협을 주고 사회 전체에 부정적인 영향을 주게 되었다. 즉 현대사회의 노인문제는 개인이나 가족적 차원에서 해결될 수 있는 문제를 넘어서 사회 또는 국가적인 차원에서 해결해야 할 문제로까지 확산되었다.

노년기에 일어나는 빈곤, 건강악화, 고독과 소외감 같은 노인 문제는 어느 시대 어느 사회에서나 있어 왔다. 그리고 노인 문제는 어떻게 보면 개인의 문제로 규정될 수 있다. 그러나 산업화 과정에서 필연적으로 나타나는 노인 경시풍조, 노인소외, 노인유기, 노인가출, 노인자살 등과 같은 문제가 노인 문제와 깊은 관련이 있다면 그것은 개인의 차원을 넘어서 사회문제화되기에 이른 것이다. 이와 같은 사회문제는 개인이나 가족적 차원에서 해결하는 데는 한계가 있기 때문에 국가 및 사회차원에서 계획적 및 제도적으로 그 해결 방안을 모색해야 한다.

● 사회적 인식

재정확보 문제나 사회적 인식 부족으로 노인복지가 구체적으로 추진되지 못하고 있는 실정이다. 사회복지의 제도적 장치는 물론이고 급격한 사회환경 변화에 따라 사람들의 의식도 노인복지 발전을 저해하는 한 요인이 되고 있으며, 실버산업 분야 또한 예외는 아니다. 실버산업이 지체된 가장 큰 이유 중 하나는 이윤추구를 그 근본원리로 하고 있는 실버산업의 육성에 대한 정부의 우려 때문이다. 즉 민간기업이 실버산업에 본격적으로 참여하게 되면 노인을 대상으로 지나친 영리추구를 하게 되는 폐단이 발생할 수 있다는 점, 비교적 정보수집에 취약한 노인계층이 부당하게 이용당할 수 있는 가능성이 크다는 점, 양질의 유료노인복지시설 건설을 계기로 자녀들의 노부모 동거부양 기피현상이 급증하게 되고 정부의 선 가정보호 후 사회보호의 기본원칙이 붕괴될 위험성이 있다는 이유에서 실버산업의 육성을 억제해 왔다고 볼 수 있다.

실버산업이 발전되기 위해서는 우선 국민의식이 전환되어야 한다. 노인집단 주거시설을 부정적으로 본다거나, 노인을 대상으로 이윤 추구하는 것을 매도하는 등의 의식은 이제 버려야 할 것이다. 오히려 일반국민과 기업은 노인을 의식 있는 소비자로 직시하여 지속적인 정보제공, 질 좋은 상품과 서비스를 적절한 가격에 판매하는 전략을 수립해야 할 것이고, 노인 자신도 자율적이고 지혜로운 선택에 의해 삶의 질을 향상시키는 일에 지속적인 노력을 기울여야 할 것이다.

시설보호의 궁극적인 목표는 시설노인의 인간다운 삶의 보장이다. 따라서 시설운영자에게는 시설노인을 관리의 대상이 아니라 생활의 주체로 보는 인식의 전환이 요구된다. 시설노인의 주체적인 삶을 보장하기 위해서는 시설노인을 시설의 주인공으로 생각하여 다양한 서비스를 제공하기 위한 노력이 필요하다. 또한 시설이 시설노인 중심으로만 운영되면 그 시설은 이기적인 형태로 변질될 우려가 있다. 이러한 현상은 결국 시설노인에게도 부정적인 결과를 가져오게 된다. 시설은 시설 노인을 위한 보호·치료·교육적 기능뿐만 아니라 지역사회복지센터로서의 기능도 갖고 있음을 시설 운영자는 인식해야 한다.

복지시설이 보유한 설비나 전문기능이 열악하여 지역사회와의 교류에 있어서 시설에 대한 주민의 혐오감을 조장할 우려가 있는 경우가 있다. 그러나 이러한 어려운 상황을 시설 내적으로 모두 해결할 수 없는 것이 사실이다. 따라서 시설의 실상을 주민에게 적극적으로 알림으로써 주민의 이해와 협력을 얻을 수 있고, 시설과 지역사회가 가지고 있는 난제를 공동으로 해결해 나가려는 적극적인 사고가 필요하다. 시설과 지역사회와의 교류에 대한 긍정적인 시설 운영자의 의식은 지속적인 연수시설 운영자의 자격 강화, 근무여건의 개선 등을 통하여 강화될 수 있을 것이다.

실버서비스산업은 대부분의 국민들에게 홍보 및 사회적 분위기 조성이 미숙하여 생소하게 받아들여지고 있다. 실버서비스에 대한 욕구 등을 민간기업보다는 사회복지관련기관, 지방자치단체 등 관계 기관과 제휴가 강화되어야 함에도 불구하고 서비스 제공이 미흡한 실정이다.

2) 실버타운 유형별 환경적 요건

● 도시형

① - 입지조건

도시형 실버타운 입지조건은 도시 지역에 입지하기 때문에 종래 생활권이 연장되어 가족과 교류가 가능하고, 도시의 각종 생활편의 시설을 이용할 수 있는 장점은 있으나, 높은 지가로 인하여 신규부지가 확보가 곤란하고 친환경적인 자연환경을 제공받지 못하는 단점이 있다.

② - 입주비용

도시형 실버타운은 도심에 위치하기 때문에 높은 지가로 부지확보가 어렵고, 사업비용 상승으로 입주비용이 상승할 수밖에 없다. 또한 공급자가 투자·개발비용과 감가상각비를 입주 초기에 회수하여야 하기 때문에 입주방식은 종신이용권형을 채택하고 있다. 공급자 측면에서는 이윤창출을 위한 당연한 선정방식이지만 수요자 측면에서는 고가의 입소비용을 부담해야 하고, 재산가치를 인정받지 못하기 때문에 소모성 자금이 될 수밖에 없다. 이와 같은 종신이용권 방식에 의한 입주비용 산정은 공급자 위주의 산정으로 수요자에게 고가의 입주비용을 부담 지게 하는 방식이다.

③ - 주거시설

도시형 실버타운의 주거시설은 높은 지가로 인하여 다층구조로 된 공동주거형태를 띠고 있다. 도시형 실버타운은 도심에 위치한 관계로 소음이나 공해로 인해 쾌적한 환경을 제공받지 못한다. 도시근교형이나 전원형이 정원이나 텃밭 등을 제공하여 지속적인 신체적인 활동이나 여가활동을 제공하는 반면 도시형은 제공하지 못하는 단점이 있다.

④ - 여가시설

도시형 실버타운 여가시설은 체육실, 문화공간실, 레크리에이션실, 노래방 등 획일화된 서비스를 제공하는 시설이 중점적으로 배치되어 있다. 프로그램 서비스 또한 문화창작활동 및 강사초청, 휴양지 및 전원형 실버타운과의 연계된 서비스를 계획하고 있으나 효과적인 성과를 나타내지 못하고 있다.

획일화된 서비스는 노인 개개인의 여가선용을 보장하지 못하고, 노인인구의 신체적, 심리적, 정신적, 사회적 특성을 고려하는 프로그램을 제공하지 못하고 있다. 또한 노인인구의 욕구인 교육의 기회, 사회협동의 기회를 충족시킬 수 있는 서비스 프로그램이 미흡한 실정이다.

⑤ - 생활서비스시설

도시형 실버타운 생활서비스시설로서는 주거지 내외의 청소, 침구류의 세탁 및 소독, 공인회계사와 변호사에 의한 재산 관련 상담 등이 있다. 생활서비스 프로그램이 미흡한 실정이고, 도시형에 적합한 생활서비스 프로그램 개발이 필요하다.

⑥ - 보건의료시설

도시형 보건의료시설은 24시간 응급시스템 가동을 통해 의료서비스를 제공하고, 정기적인 건강상담과 종합검진을 실시하고 있다.

도시형 실버타운 보건의료시설의 경우, 비교적 보건의료시설이 잘 구비되어 있으나 신장투석 및 암환자의 경우 보건의료서비스를 받을 수 없다는 단점이 있다

● 도시근교형

① - 입주조건

도시근교형 실버타운 입지조건은 도시근교에 위치하고 있어 도시에서 사회활동이 가능하다. 또한 도시형과 전원형의 중간 형태를 띠고 있어 수요자 선호도가 비교적 높은 편이고, 단점으로는 그린벨트 등 건축제한 구역이 많아 공급자 측면에서 보면 많은 애로점을 가지고 있다.

② - 입주비용

도시근교형 실버타운은 도시기능의 확산으로 지가 상승폭이 높고, 그린벨트 등 건축제한이 많아 수요자의 입소비용도 상승하고 있다. 입주방식 또한 도시형과 마찬가지로 종신이용권형 방식을 채택하고 있어 수요자 측면에서는 고가의 입소비용을 부담해야 한다. 도시형에 비해 입소비용이 낮아야 하지만 도시근교형의 대표적 유형인 삼성 노블카운티의 경우, 도시형보다 더 높은 비용을 입소자가 부담하고 있다.

③ - 주거시설

도시형과 달리 도시근교형은 도시의 형태와 전원의 특성을 내포하고 있기 때문에 주거시설은 단독, 연립주택의 형태를 띠어야 한다. 그러나 현재 운영되고 있는 도시근교형 실버타운은 도시형과

동일한 유형인 고층 주거시설로 이루어져 있다. 따라서 도시근교형 주거시설은 도시형 실버타운과 유사한 문제점을 나타내고 있다.

④ - 여가시설

도시근교형은 전원형태를 내포하고 있다. 여가시설로서 활용할 수 있는 텃밭이나 정원 등이 있지만, 현재 고층 주거시설로 인해 활용이 미비하고, 주변 여가시설, 즉 관광자원, 지방자치단체에서 운영하는 운동시설 등을 활용하는 여가활동이 미흡한 실정이다. 이는 노인인구가 사회협동 기회를 통한 지역주민과의 커뮤니케이션이 차단되고 있음을 의미한다. 여가활동 서비스 또한 도시형과 동일한 형태의 서비스를 제공하고 있다.

⑤ - 생활서비스시설

도시근교형 생활서비스시설은 도시형과 유사한 생활서비스시설을 운영하고 있다. 다만, 도시근교형의 특성상 셔틀버스 운행을 통하여 대도시 지역과의 연계 및 여가 생활서비스프로그램의 다양화를 시도하고 있는 실정이다.

⑥ - 보건의료시설

도시근교형 보건의료시설의 경우 제휴병원이 부지 내 혹은 인접하여 있어 필요시에 보건의료서비스를 제공받는 형태이다. 24시간 상주간호사가 항시 대기하고 있지만, 특수촬영 및 수술할 경우에는 타 의료기관으로 가야 한다는 한계점이 있다.

● 전원형

① - 입주조건

전원형은 자연환경과 관광자원을 갖춘 곳에 입지하였으나, 도시의 기능을 기대하기 어렵고 토지가격은 낮지만 개발비용이 높고, 운영상 부담이 높다는 단점이 있다. 또한 도시형의 장점인 생활권의 연장으로써 가족과의 교류, 생활편의시설의 활용, 도시기능의 활용, 시설운영상의 문제점이 있다.

② - 입주비용

전원형 실버타운은 지가가 낮지만 개발비용이 높아 입소비용이 상승한다. 또한 후기노인 위주로 입소되어 있기 때문에 관리운영상 입소비용을 높게 책정하고 있다. 입주방식도 종신이용권형이어서 입주비용이 소멸되어 수요자 측면에서 재산권 행사에 제약을 받고 있는 현실이다. 입주 보증금도 위탁형과 종신형으로 구분되고, 평수에 따라 차이를 보이고 있다.

③ - 주거시설

전원형 주거시설은 도시와 지리적으로 멀리 위치해 있어 고립감을 느낄 수 있고, 단독주거방식으로 인해 커뮤니케이션의 단절이 단점으로 지적되고 있다. 반면 전원형 실버타운 대다수가 단독주거방식으로 운영하지 않고 관리운영상 공동주거 방식을 채택하고 있다.

현재 운영되고 있는 전원형 실버타운은 후기노인 위주로 입소되어 있으나, 주거시설이 후기노인의 특성을 반영하지 못하고 있다.

④ – 여가시설

전원형 여가시설은 체육시설, 주말농장, 텃밭, 노래방 시설 등이
있다. 전원형은 도시형이나 도시근교형에 비해 시설환경이 열악하
고, 여가프로그램 서비스 또한 부족한 실정이다. 입지특성상 주변
관광자원 및 관광시설이 풍부함에도 연계된 시설활용이 미흡하다.

⑤ – 생활서비스시설

전원형 생활서비스시설은 셔틀버스 운행, 세탁이나 이·미용서비
스, 신문이나 인터넷 등을 통해 생활정보를 제공하는 것이 전부이
고, 일부 은행 보조업무 등을 실시하고 있으나, 도시형과 도시근교
형에 비해 생활서비스시설이 미흡하다.

⑥ – 보건의료시설

전원형 보건의료시설은 도시와 지리적으로 멀리 위치해 있어 병
원과의 연계 서비스가 미흡하고, 지리적 한계로 인하여 의료시설의
접근성이 떨어지는 단점이 있다.

1. 모델 개발을 위한 기반조성

가. 공급적 측면

1) 설립관련부문

설립관련부문은 법적·제도적 측면에서 다음과 같이 개선되어야 한다.

첫째, 유료노인복지시설의 허가 신청 시기를 단축해야 한다.

유료노인복지시설의 설치허가신청 시점이 개인이나 기업의 경우 5층 이상 건물은 전체 층수의 50% 이상의 골조공사가 완성된 후에 신청할 수 있으며, 5층 이하의 건물을 조적 공사가 완성된 후에 설치허가 신청을 할 수 있도록 되어 있다. 이와 같은 제도는 시설의 주체가 설치허가 없이 장기간의 투자에 따른 위험부담이 생겨 민간재원의 투자기피현상을 초래하게 되므로 시설설치허가 신청을 건축허가 시점과 연관시켜 건축허가와 복합민원을 처리하는 방안을 생각해 볼 필요가 있다.

둘째, 자기자본 확보비율을 완화해야 한다.

보건복지부 고시 제1994－54호(1994. 10. 13)의 유료양로시설 설치예정자의 재정확보기준은 노인복지 시설을 설치·운영하는 개인 또는 기업의 재정상태가 건실하도록 시설 신축 시 소요되는 총 소요금액(부지매입비＋시설 신축비＋장비비 등)의 30% 이상과 연간 운영경비의 30% 이상을 자부담하도록 자기자본 확보비율을 규정하고 있다.

동일한 민간주체가 또 다른 노인복지시설에의 재투자 시 이와 같은 규정은 상당한 부담을 주게 되므로, 전문업체의 육성과 시설의 활성화를 위하여 최초의 시설 투자 시에만 적용하고, 또 다른 시설에로의 투자 시에는 본 규정을 적용하지 않도록 하는 방안과 최소한의 범위에서 자기자본의 비율을 적용함으로써 시설공급의 활성화를 기대할 수 있을 것이다.

셋째, 건설법규 보완 또는 실버타운 건립을 위한 건설법규를 신설해야 한다.

노인주거복지시설로서 실버타운 조성을 위하여 기존의 주택 관련 건설법규를 개정함으로써 노인들을 위한 새로운 주거개념을 확립하여야 한다. 노인들의 특성에 맞는 주거시설의 개발 및 공급을 위하여 국민주택기금지원, 노인공동주거 설립 시에는 국가나 지방자치단체의 소유 토지를 우선적으로 매각 또는 임대를 보장해 주어야 한다. 실버타운과 같은 노인공동주거시설의 입주, 분양 또는 임대 시 우선공급제도 또는 특별공급제도의 적용철폐 등과 같은 법규보완을 통하여 노인공동주거시설조성의 활성화 방안을 마련할 수 있도록 해야 한다. 노인공동주거시설 건설에 관해 건설법규를 신설하는 방안도 검토되어야 한다.

넷째, 환경·토지 관련 법규의 정비 및 보완을 해야 한다.

실버타운과 같은 노인공동주거시설의 개발은 그 특성에 있어서 자연환경이 좋은 곳에 집단적으로 건설하여야 하는데, 입지의 선정과 개발 그리고 건설 과정에 있어서 환경관리법, 국토이용관리법, 수도권정비계획법 등의 수많은 관련 법규의 규제를 받을 뿐만 아니라 개발허가와 형질변경 등의 많은 절차상의 복잡한 문제점을 안고 있다.

그러나 노인공동주거시설의 건립은 사회복지정책상 공공사업에 준하는 우대정책이 요구되며, 이를 통한 발전방안이 효율적인 복지공급에 유리하므로 토지의 취득이나 기반시설의 조성에 필요한 법규제와 절차상의 간소화를 위하여 특례를 적용해야 한다. 실버타운 조성 시에 그린벨트 내의 규제법을 완화함으로써 이 지역 내에서 사회복지시설의 설립허용, 공공용지의 무상제공 또는 금융지원의 확대 등과 같은 조치를 위하여 적극적인 배려와 지원을 통한 활성화 방안을 모색해야 한다.

2) 정부지원부문

● 관계법 및 제도개선

① - 재정·세제 등의 정책적 지원

첫째, 시설자금 융자제도가 마련되어야 한다. 정부에서는 노인유료시설의 민간참여를 활성화시키기 위해서 95년부터 실시한 유료노인복지시설 설치자금에 대한 융자제도를 마련하여 시행하고 있다. 이를 근거로, 97년 이후부터는 노인주거복지사업시행령에 따라서 국민연금기금으로 1,000억 원을 마련하여 유료노인복지시설에 한 시설당 50억 원을 지원하기로 했다. 이것은 유료노인주택의 밝은 전망을 나타내고 있다(보건복지부, 2002). 하지만 혜택을 보는 업체는 그리 많지 않다. 기관, 지방자치단체, 종교단체, 사회복지법인 등 자격조건이 까다롭기 때문에 기업이나 개인은 지원을 받지 못하고 있다. 따라서 이러한 현실을 활성화하기 위해서는 기업의 재정상태나 개인의 재정실적을 엄격히 심사하여 완화시키는 방안이 마련되어야 할 것이다. 이러한 정부의 지원 속에서도 유료양로원, 유료노인복지시설의 활성화가 일어나지 않는 이유는 기업이나 개인이 시설을 확보하기 위해 자기자본을 비교적 장기간 투자를 하여야 하기 때문이다. 상환 기간의 연장을 유도하여 참여할 수 있도록 정부의 행정규제 완화가 필요하다. 시설을 착공하여 입주까지 2~3년, 입주를 하여 100% 입주율을 나타낼 때까지 3~4년 이상으로 장기간 투자비가 소요되는 사례가 있기 때문에 이러한 점이 감안되어야 한다.

자기자본 회수율도 장기적인 안목이 아니면 투자가 불가능할 것이다. 이것을 정부차원에서 20년간 이상 장기융자를 하면 기업들의 참여의식이 좋아질 것이다. 예를 들어 주택관계법규는 주로 개인에게 주택을 담보로 20년간 1년 거치 19년 상환이라는 혜택을 주고 있다. 유료노인주거시설도 주택보급률의 한 부분으로 인정한다면 행정규제를 완화하는 방안이 효과적이다.

둘째, 개발 부담금이 면제되도록 법규를 보완해야 한다. 개발이익환수에 관한 법률에 의거하여 개인이나 법인이 임야 또는 농지를 택지로 변경할 경우 매우 많은 비용을 개발 부담금으로 납부하도록 규정하고 있는데, 국가나 지방자치단체, 한국토지개발공사 등에서 일반주민용 주택단지를 개발할 때는 개발 부담금이 면제되고 있다.

노인복지법에 의한 노인주거복지시설로서 실버타운 조성을 위하여 택지를 조성하는 경우에도 개발부담금을 면제해 주는 방안이 검토되어야 할 것이다(배병선, 1997: 83).

셋째, 세법 관련 법규의 보완이 이루어져야 한다. 실버층의 노인들이 보다 염가로 시설에 입주하도록 하기 위해서는 개인이나 민간기업 또는 법인이 노인복지시설 설치를 위하여 취득하는 부동산에 대하여 조세감면 혜택을 부여하는 방안과 1995년 정부는 노인복지시설에 대한 투자를 유도하기 위하여 유료양로원 또는 실버타운의 건립을 위한 토지를 업무용으로 인정하고 취득세와 재산세 50% 감면 등의 지원책을 마련한 바 있는데 이에 더하여 시설의 확대와 건전한 운영을 위한 부담을 경감하기 위하여 등록세와 취득세의 면제가 추가로 이루어져야 할 것이다(박재간, 1995: 353).

넷째, 부가가치세의 영세율 적용 및 감면을 해야 한다. 노인복지 향상을 위하여 실버사업을 운영하는 업체에 대하여 부가가치세의 영세율 적용 및 감면을 통하여 운영업체의 적자부담을 덜어주고 정상이윤을 보장하여 주면서 소비자들에게는 저렴한 비용으로 서비스를 받을 수 있도록 함으로써 실질적인 복지향상을 도모하는 방안을 도입할 필요가 있다.

② - 설립과 운영을 위한 법적 지원

첫째, 운영난을 겪고 있는 유료노인복지시설의 활성화를 위한 지원을 실시해야 한다. 다가오는 고령화 사회에서의 폭발적인 노인복지수요의 전망과는 달리 현재 한국의 유료노인복지시설 대부분이 상당한 경영난에 빠져 있다. 양질의 복지서비스를 위하여 많은 비용이 투자되고 이에 따르는 시설입주비용과 전통적 노인부양관습 및 노인복지시설에 대한 잘못된 인식이 함께 맞물려 시설에 입주율이 저조하기 때문이다. 그렇다고 해서 비용을 낮추기 위해서 영세규모로 저질의 서비스를 제공할 수는 없다. 유료노인복지시설을 보조금 지급 대상사업의 범위에 포함시켜 시설의 침체 현상을 막고, 이를 유지하면서 장기적으로 나타날 노인복지 수요에 대비하는 것이 바람직하다.

둘째, 입주자 모집 시기의 재조정이 이루어져야 한다. 현 노인복지사업지침에 의하면 입주자의 모집은 시·도지사로부터 시설의 설치허가를 받은 후에 입주할 수 있어 입주 기간이 장기화되고, 차용·저당 및 융자금 등을 이용한 시설설치의 공급주체가 이자분담률의 상승으로 인하여 결국 시설주체뿐 아니라 입주자들의 부담이 가중되는 현상을 초래하고 있다.

이와 같은 부담을 줄이기 위해서는 입주자의 모집을 시설설치허가와 건축허가를 얻음과 동시에 모집할 수 있도록 하고, 이에 따른 부작용에 대해서는 철저한 규제조치를 함으로써 운영의 묘를 살리는 방안을 마련하여 주는 것이 바람직하다고 하겠다.

셋째, 보증보험가입제도 폐지 및 근저당 설정권의 재도입이 이루어져야 한다. 유료노인 복지시설 설치주체는 설치자의 계약 불이행이나 시설의 도산 등의 경우 입주노인들에게 지급해야 하는 입주보증금 반환채무 이행을 보장하기 위하여 인·허가 보증보험에 가입하여야 하는데, 보증보험 가입금액이 실입주인원의 보증금합계의 50% 이상 가입하고, 나머지는 입주노인별로 당해 시설에 입주한 날에 가입하도록 규정되어 있다.

이와 같은 제도는 실버타운과 같이 입주노인들의 수가 많은 곳에서는 노인들이 입주하지 않은 상태에서 상당액수의 보험료를 내야 하는 부담을 안고 있다. 따라서 시설부동산에 대하여 입주자를 권리자로 하여 저당권 설정을 제도화하면 보증보험가입제도를 도입하지 않더라도 소비자 보호와 같은 효과를 얻을 수 있다.

● 국가의 정책적 지원 확립

정부의 실버산업지원은 공적 연금제도를 보완하는 성격을 가지고 있다. 정부는 실버타운 운영기업에 지원금을 지급함으로써 노인들이 부담해야 하는 가격을 낮출 수 있고, 장기적으로는 실버산업에 고급인력이 유입될 수 있는 여건을 만들어 서비스의 질을 높이는 데 도움을 줄 수 있다. 실버산업의 연구개발을 지원하여 저비용으로 고품격의 서비스가 제공될 수 있도록 하는 것도 정부의 중요한 역할이다.

지금까지 한국 정부의 산업정책은 제조업, 특히 정보통신 등 첨단산업에 대한 지원에 치중해 왔다. 하지만 21세기는 서비스업이 주도하는 경제다. 부가가치산업도 대부분 서비스업에서 이루어진다. 인구고령화가 심화되면 이 같은 추세는 더욱 뚜렷해질 것이다. 그것은 노인들의 경우 전자제품, 의류 등을 소비하는 데 쓰는 돈보다는 보건·의료서비스, 관광, 레저 등에 지출하는 돈의 비중이 높기 때문이다. 산업정책도 이 같은 추세에 맞추어 나가는 것이 바람직하다. 따라서 민간참여에 의한 유료노인복지서비스에 대한 관심이 확산되고 있다. 그러나 민간참여에 의한 복지공급을 이룩하기전에 정부의 재정확대 등 공공부문의 기능과 역할을 확대하여 일차적인 노인복지서비스에 충실을 기하여야 한다. 즉 국가가 우선적으로 일차적 노인복지서비스 차원에서 저소득층 및 무의탁 노인들의 생활을 위한 사회복지시설에 대한 확충 및 질적 향상을 위한 노력을 경주해야 하며, 그 바탕 위해 민간부문이 참여하여 부가적 서비스를 원하는 경제력 있는 노인층의 주거욕구 충족을 위해 시장원리에 입각한 다양한 복지시설을 갖춘 시설을 공급함으로써 노인복지 대상을 좀 더 확대하고 양질의 서비스를 제공하는 것이 필요하다.

다음으로는 재가복지와의 상호동반자적인 관계형성이 이루어져야 한다. 현실적으로 영국, 미국, 일본 등에서 재가복지가 강조되고추구되었다는 것은 시설복지에 비해 상대적으로 강조되었다는 것을 의미할 뿐 시설복지가 무시되는 가운데 재가복지가 이루어진것은 아니다. 즉 재가복지가 강력히 추구되었다는 것은 흔히 시설복지를 등한시하는 것 또는 시설복지의 범위를 축소시키는 것의의미로 받아들이기 쉬우나 사실은 그렇지 않다는 것이다. 그러므로재가복지의 추구와 함께 시설복지의 확충을 도모하는 것은 바로선진국 동향의 정확한 표현이 될 것이다.

따라서 시설복지와 재가복지를 따로 분리해서 개발하기보다는지역노인들의 장기보호를 위한 연속적 보호체계 개념으로 상호보완적인 서비스를 개발하는 것이 필요하다. 이러한 기반 위에 시설복지, 특히 유료노인복지가 본연의 기능을 다할 수 있으며, 노인복지의 기본 취지에 역행하는 것을 예방할 수 있을 것이다.

● 시설 수급계획을 통한 지역 간 불균형 해소

복지수요를 종합적으로 파악하고, 필요한 보건·의료·복지의 종합적인 서비스가 교육·취업·주택·교통 등의 생활 관련 분야와도 연계를 도모하고, 효율적으로 제공되는 체계를 구축하기 위하여 지방자치단체별로 시설 수급계획을 의무화할 필요가 있다. 시설 수급계획의 단위는 먼저 시·도 단위의 지방자치단체로 하되, 방법은 3년 또는 5년마다 지역주민을 대상으로 하는 정규적인 수요조사 실시를 통한 시설을 파악한 후 이를 토대로 계획을 수립하게 한다. 조사내용으로는 가족관계, 경제상황, 건강 및 의료, 사회참여, 대상별 희망하는 복지서비스, 시설입주 희망률 등을 들 수 있다.

● 정부와 지방자치단체의 역할 분담

실버타운은 중산층 노인을 소비자로 보는 사업으로서 시장기능에 일임하는 것을 원칙으로 하되, 공급대상자들인 노인들이 상대적으로 빈곤하다는 점을 감안하여 국가는 노인들이 보다 저가로 입주하여 편리하게 이용할 수 있도록 부지의 저가공급, 세제감면 등의 정책적인 지원을 적극적으로 펴야 할 것이다. 실버타운형성의 활성화를 중앙정부와 지방정부의 역할(분담)을 살펴보면 다음과 같다.

먼저 중앙정부의 역할을 살펴보면 첫째, 예방적 노인복지로서의 지원을 위해 질 높은 서비스 제공과 적극적인 홍보를 해야 한다. 실버타운 및 실버서비스의 공급주체인 개인이나 민간기업에서는 노인들의 모든 여건 등을 고려하여 이용 노인들에게 최상의 서비스 질을 저렴한 가격으로 보다 만족스럽게 제공하고, 국가에서는 노인들이 노후의 경제적, 신체적, 사회적, 심리적인 면에서 발생할 수 있는 노인문제를 예방하는 차원에서 우수한 노인복지서비스를 공급할 수 있는 실버타운의 입주와, 그와 관련된 실버서비스를 이용하도록 권장하는 것이 바람직하다.

둘째, 노인들의 소득보장제도가 마련되어야 한다. 노인들의 소득대책은 실버서비스에 소요되는 경제적 부담을 해소할 수 있는 가장 기본적인 요소이며, 이를 위하여 노인들의 노후소득보장제도로서 국민연금제도의 발전 유지와 함께 노인고용촉진법의 강력한 시행, 노인취업알선센터의 활성화, 노인공동작업장의 현실적 운영 등과 같은 제도를 통하여 노인소득에 실직적인 도움이 될 수 있는 프로그램의 개발 및 시행이 필요하다.

셋째, 유료노인시설에 대한 인식전환을 위한 정부의 노력이 필요하다. 한국의 노부모 부양책임은 가족부양의 의미가 내재되어 있으며, 가족부양의 주 대상노인들이 변화기의 노인들이다. 이러한 전통적 가치관으로 인하여 노후에 노인수용시설에 입주하여 생활하는 것을 부양책임자나 노부모 모두가 부끄러운 일로 인식하고 있다. 이러한 시설들에 대한 이해와 인식의 부족으로 노인 생활시설에 입주하여 생활하는 편이 바람직스러운 노인들의 경우도 수치감, 거부감 등으로 입주율이 저하되어 실버타운 조성이 활성화되지 못하고 있다. 이를 위하여 시설의 고급화와 아울러 거부감을 해소할 수 있는 명칭의 개칭 및 실버서비스에 대한 다양한 정보를 제공함으로써 노인들이 실버타운에서 보다 편안한 노후를 보낼 수 있다는 인식의 전환을 이룰 수 있도록 각별히 노력하여야 하겠다.

다음으로 지방정부의 역할(지원방안)을 살펴보면, 노인복지업무가

본질적으로 복지서비스를 요구하는 노인들에게 가장 가까이 접근하여 실직적인 복지서비스의 혜택이 이루어져야 한다는 측면에서 볼 때 지역노인들과 가장 가까이에서 노인들 수요를 잘 알고 있고, 지역특성을 살린 다양한 노인복지서비스의 공급은 지방자치단체의 주요한 역할이라고 할 수 있다.

이러한 점에서 지방자치단체는 재정, 세제, 금융 및 행정적 지원과 홍보의 지원 및 타운 조성을 위한 도로, 상하수도 등의 기반시설, 그리고 지역사회공동모금을 위한 지원과 자원봉사자들의 모집 등을 통한 실버타운 조성 및 실버서비스산업의 활성화를 위하여 최대한의 노력을 해야 할 것이다.

3) 시설운영부문

국가의 재정형편상 노인의 다양한 욕구를 정부가 책임질 수 없는 상황에서 고령화 또는 고령사회에 대비한 중산층 노인계층을 위한 실버타운조성과 실버산업의 활성화는 중요하다. 민간부문의 참여는 정부의 재정 부담을 덜어주고, 사회전반에 대한 복지수요의 공급에도 큰 도움이 될 것이다.

민간참여의 유형은 영리사업으로의 참여방안, 공공모금에 의한 재원마련방안, 자원봉사자에 의한 인적 참여방안이 있다.

● 참여업체별 활성화 방안

참여업체별로 활성화 방안을 살펴보면 다음과 같다.

첫째, 건설업계의 참여로 건설업계는 주거시설에 관하여 어느 분야보다도 경험과 기술이 축척되어 있다. 그동안 많은 건축물을 설계한 경험과 소비자들의 욕구를 바탕으로 시공한 기술은 그 어느

업계보다 앞서 나갈 수 있는 유리한 조건을 가지고 있다. 하지만 운영 측면에서는 그동안 경험과 관련이 없는 서비스 분야에 취약점이 있다는 것도 사실이다. 이러한 점을 보완하려면 부동산업계나 서비스업계의 참여를 유도하여 컨소시엄을 구성하는 방안도 적극적으로 검토해 볼 필요가 있다.

둘째, 부동산업계의 참여로 부동산업계 기업은 그동안 주거시설의 많은 임대와 분양의 경험을 가지고 있다. 부동산업계는 실버타운의 조성과 관련된 여러 가지 입지조건파악과 부지마련 등이 용이하고, 자금의 유동성을 쉽게 파악할 수 있어 막대한 자본금이 들어가는 실버산업에 진출하여 장기적으로 실버산업을 활성화할 수 있는 업계이다.

셋째, 서비스업계의 참여로 서비스업계의 기업들은 유료노인 시설의 경영에 필요한 생활물품들에 대한 많은 경험이 축적되어 있어 실버타운 내의 관련 실버서비스업에 사업 참여가 쉬운 업종이며, 앞으로도 참여가 증가될 수 있는 업종이다.

넷째, 생명보험업계의 참여로 실버타운 내에서 생명보험업계는 생명보험 가입자를 대상으로 보험상품을 개발하여 판매한다면 수요자 확보 면에서 최적의 조건이며, 보호연계기능을 충분히 발휘할 수 있을 것이다. 유료노인복지시설은 거액의 자금을 필요로 하는 사업이고, 입주자의 생명 전반을 돌봐야 하는 사업이기 때문에 생명보험업계의 참여가 요구된다.

다섯째, 의료계의 참여로 실버타운 내의 생활에 있어서 노인들이 주로 필요로 하는 서비스가 의료서비스이다. 노화는 곧 건강과 직결되는 만큼 의료서비스의 필요성은 불가분의 관계에 있다. 인술을 필요로 하는 곳에서 복지서비스와 의료서비스를 동시에 제공할 수 있다는 점에서 의료계의 실버산업 참여는 바람직한 것으로 생각된다.

여섯째, 종교단체의 참여로 종교재단의 설립목적이 사회복지실현에 있다면, 풍부한 기금을 이용하여 실버타운 조성 및 관련 실버산업에 진출함으로써 교단의 발전과 교단을 통한 공적 부조형태의 무한봉사의 개념을 실현할 수 있을 것이다. 실제로 기독교, 가톨릭, 불교 등 종교단체의 복지사업에 대한 참여 역사는 매우 깊다.

● 사회복지 공동모금법의 기금활용

민간부문의 조직적이고 지속적인 재정적 후원을 도출해 내는 방안은 공동모금제도이다. 민간자원의 모금은 사회복지의 실현에 있어서 민간자원을 이용할 수 있기 때문에 오래전부터 실시되고 있다. 그러나 국민이나 기업의 자발적인 참여보다는 반강제적인 준조세로서의 성격을 가지고 있어 민간모금에 대한 국민공감대 형성이 중요한 과제로 남아 있다. 공동모금의 활성화를 위하여 기존의 중앙정부 기금모금 방식을 민간주도 방식으로 전환하도록 하며, 현재 산발적으로 이루어지고 있는 각종 모금운동에 대한 통합조정과 그 배분의 합리화를 도모해야 한다. 지방자치단체의 모든 민간 사회복지서비스의 전달체계들이 주민의 재정참여를 유도하기 위해 지역 공동모금제도는 필수적으로 요청되고 있다.

사회복지공동모금법은 이러한 역할을 할 수 있는 기본환경을 마련하고 있으며, 이 법안의 목적에서 밝히고 있는 바와 같이, 사회복지사업을 지원하기 위하여 국민의 자발적인 성금으로 공동 모금된 재원을 효율적으로 관리, 운영함으로써 사회복지 증진에 이바지할 수 있기를 기대한다. 또한 모금의 길을 마련함과 동시에 이 기금을 사용하는 내역에 대해서 투명성이 보장되도록 제도를 보완해서 모금에 참여하는 사람들이 불신을 갖지 않도록 해야 한다. 아울러 이 사업에 종사하는 종사자들의 불미스러운 행동으로 인해 사업이 위축되는 것을 방지하기 위해 사전에 모금된 기금의 출처를 정확히 확인할 수 있고 집행 내용도 객관성과 투명성을 가질 수 있는 제도적 장치의 보완이 필요하다.

또 모금의 집행내용에 있어서도 긴급성과 수익성이 없는 공적 부조부문의 집행과 수익성이 있는 사회복지서비스업 부분의 집행으로 나누어 수익성 사업을 통하여 모금기금의 고갈을 방지하고, 이를 통하여 좀 더 만족스러운 공적 부조형태의 기금사용의 묘를 발휘해야 할 것이다.

수익성 사회복지사업으로 집행될 수 있는 기금의 일부를 실버타운 관련 산업으로 투자는 기금의 사용이 사회복지서비스의 개선에 목적을 두고 있다면 여러 가지 사회복지서비스 측면에서도 부합되고 또한 기금사용의 효율성을 더욱 높여줄 수 있을 것으로 기대된다.

● 자원봉사제도의 적극적 활용

한국에서는 1980년대 들어와 자원봉사자에 대한 요구가 증가하였다. 그 배경을 살펴보면, 첫째로 사회복지 인건비 예산의 제한성으로 인한 인력부족 현상, 둘째로 사회복지 전문인력을 효율적으로 이용하고 그들의 전문성을 제고시키기 위해서, 셋째로 사회복지의 효과성을 높이기 위해서는 지역사회의 참여가 필수적이라는 현대 사회복지의 조류 때문이다.

노인복지와 관련하여 한국에서는 1987년부터 한국 노인복지학회에서 자원봉사자를 활용하여 불우 노인을 대상으로 가정봉사원 사업을 전개해 오고 있으며 1989년부터는 노인종합복지관에서 자원봉사자를 활용하여 가정봉사원 서비스를 제공하고 있다.

실버타운 내에서 자원봉사자들의 역할은 재가복지서비스의 가정봉사원 파견이나 주간 또는 단기보호와 같은 인력 집약적 서비스 부분에 적극 활용함으로써 노인들의 복지증진에 이바지하고 봉사자들이 보람을 느낄 수 있도록 하여야 할 것이다. 동시에 정부는 자원봉사자들의 사회적 신분을 보장해 줄 수 있는 제도적 장치가 마련되어야 하며, 사회적 경력인정, 활동비의 지급 등의 유인책을 제공함으로써 자원봉사자의 참여를 증진시켜 나가야 한다. 한편 지방자치단체는 자원봉사자들의 활기를 북돋아 주는 의미에서 우수 자원봉사자의 발굴 및 정기적 포상을 시행함으로써 자원봉사활성화를 위한 지원정책을 아울러 펴야 할 것이다.

나. 수요적 측면

1) 실버타운에 대한 사회적 인식의 변화

요즘 예비 노인세대는 일과 자녀로부터 해방되어 소비, 여가, 문화 등에 전념이 가능하게 되고 새로운 생활, 문화의 창조자가 되고 있다. 활기차게 노후를 즐기려는 예비 노인세대와 노인세대가 소비사회의 새로운 주역으로 등장하고 있다. 앞으로의 예비노인세대와 노인세대는 종전과는 달리 생활의 고품질화를 지향하며, 감성을 추구하고 활동적이다. 이들은 또한 교류 지향적이어서 여가를 즐기고

기동성을 통한 정보화, 단체교류, 컴퓨터 등을 통한 정보화를 지향하고, 학습을 통하여 창조적인 문화생활을 추구할 것이다.

또한 건강과 안락한 주거환경을 찾고 즐기며 쾌적한 환경에서 삶을 영위하며, 생활의 효율화를 위해 시간 효율화, 공간 효율화, 기계 효율화(각종 전자제품 등)를 통한 경제적인 삶을 영위하려 할 것이다. 노인세대 진입 전의 세대인 40대에서 60대 초반의 집단은 예비 노인세대로서 활동의 장과 경제적 여유를 가진 계층으로 소비시장에서 그들의 역할이 매우 중요시되고 있다. 따라서 과거의 노인세대와는 달리 현재화 미래의 노인세대는 자녀에게 재산을 물려주지 않고 그 돈으로 남은 인생을 즐겁게 보내겠다는 생각이 지배적이다. 이는 과거의 이미지와는 전혀 다른 자신의 높은 삶의 질을 추구하고 있다는 것을 의미한다.

이러한 경향은 세월이 갈수록 더 뚜렷해질 것이다. 노인은 돈에 궁하다는 고정관념을 탈피하여 개인차가 크지만 평균적으로 볼 때, 결코 노인층은 절대로 가난하지 않다는 것이다. 노인소비자의 84%는 자기 집을 소유하고 있으며, 따로 근로소득이나 이자소득이 있는 사람도 늘고 있고, 적어도 노인 소비자의 생활비는 충당할 수 있을 정도의 고정 수입원이 확보될 것이다. 즉 매월 정기적인 소득인 곧 국민연금 등을 누구나 받게 된다. 과거와 현재의 의식행태 변화를 살펴보면 다음 〈표 4 - 1〉과 같다.

<표 4-1> 노인층의 변화

항목	과거	현재
심신상태	병약, 어둡고, 고집 셈	건강, 밝고, 유연함
생활의식	보수, 비관적인 인생관	합리, 미래지향적 인생관
노년기의 인식	인생의 종말기	자기실현의 기회, 제3의 인생
삶의 태도	검약, 소박, 무취미	여유, 즐김, 여러 취미
독립성	자녀 등에 의지, 독립성이 약함	배우자와 사회시스템에 의지, 독립성이 강함
노후설계	자녀세대에 의존	계획적인 노후설계, 독립세대 유지
가치관	노인은 노인답게	나이와 젊음은 별개
레저관	일하는 것, 여가는 수단	여가 자체의 가치·목적화
자산처분권	자손에게 상속	자기를 위해 처분
여행형태	친목단체 등 단체여행	여유 있는 부부여행
취미생활	게이트볼 등 노인끼리의 교류	세대와의 교류
생활스타일	순 한국식 선호, 애연가가 다수	타 문화 교류적 생활, 금연자가 다수
유행감각	둔함, 후기추종자 내지 외면	예민, 초기채용자
사고(생각)	보수적	적극적, 다소 진보적
소비	저소비	고소비
재산	빈곤	부유
활동상태	종속	자유
동거	부양가족	독립세대
건강상태	병약(건강에 무관심)	건강(건강에 관심 지대)
주류(술 문화)	무절제 음주 경향	절제, 다수가 금주 추세

자료: 유기상, 1997.

현재 및 예비노인들의 가치관과 생활유형을 기초로 이들이 희망하는 삶의 중요 사항(요망사항)을 간추려 보면, 활기 넘치는 건강한 생활과 여유 있고 풍요로운 생활로 귀결될 것이다. 그러나 이러한 희망은 요즘 노인층만의 것이 아니라, 모든 세대에 대해서도 거의 동일할 것으로 여겨진다. 그들은 이러한 바람을 실현하기 위해 적극적으로 노력하고, 또 그에 필요한 경제적인 부담이나 시간소비를 아까워하지 않는다.

50대와 60대 초반의 예비 노인 가운데, 남성에게는 직장생활의 마무리와 새롭게 시작될 두 번째 인생을 위한 발돋움으로 시작해야 하는 시점이고, 여성에게는 육아로 시작된 가정에서의 그들의 역할이 마감될 무렵이다. 따라서 50대는 이제까지의 인생을 완성하기 위한 마무리와, 앞으로 새롭게 전개될 2번째 인생의 설계를 동시에 준비해야만 되는 시간적인 경계에 서 있다. 따라서 이러한 마무리와 준비활동의 활성화를 지원하기 위하여 노인시장의 중요성이 높아지고 있다. 특히 이들 50대와 60대 초반의 예비 노인들이 가지는 소비문화의 특징과 시간적 특성을 고려할 때, 이들의 소비수요를 불러일으키기 위해서는 다음과 같은 사항을 고려해야 한다. 물론 실버타운의 개발에서도 기본 의미는 같다.

첫째, 품질과 디자인이 뛰어나고 사용하기 편리한, 즉 전체적으로 보아 고품질인 상품이나 서비스를 개발한다. 고소득자를 위한 고급 실버타운, 중산층을 위한 중급 실버타운, 저소득층을 위한 실비 수준의 실버타운 개발 등 입주대상자를 명확히 하는 차별화 전략이 필요할 것이다.

둘째, 노인소비자의 소비행동 특성은 한번 구입을 한 후, 만족도가 높으면 그 상품을 제조하거나 서비스를 제공한 메이커에 대해 신뢰도가 대단히 높은 반면, 기대에 미치지 못하면 불만이 매우 크다는 점을 감안하여 인간관계 마케팅의 강화가 필요하다. 즉 구입의 만족도가 높다는 것은 상품이나 서비스의 질에 국한되는 것이 아니라 메이커의 이미지, 기업이념, 상품개발 자세, 소비자에 대한 배려, 고객을 접하는 현장에서의 직원들의 친절한 서비스 등 인간적 요소까지 총체적으로 고려한 결과이다.

2) 실버타운에 대한 수요 파악

● 입지조건

실버타운의 입지조건은 도시에서 1시간 30분 정도 걸리는 근교
가 가장 많고, 다음이 도시 지역, 도시 이외 지역 순이었다. 또한
연령별 시설의 입지조건을 보면, 65세 이상의 연령층에서는 도시근
교를 희망하고 있고, 64세 이하의 연령층에서는 도시 지역을 희망
하고 있어 연령별로 차이를 나타내고 있다(선국진, 2004 재인용).

도시형이나 도시근교형을 희망하는 주된 이유로서 첫째, 문화와
정보 등과 같은 도시생활에서 오는 여러 가지 혜택과 편리함 때문
인 것으로 사료되며, 둘째, 자신이 살던 지역을 떠나고 싶어 하지
않는 노인의 특성을 나타낸 것이다.

● 부대 서비스

의료시설에 대한 요구가 가장 많고 다음이 슈퍼마켓, 공동목욕
탕, 이·미용실, 도서실, 실내스포츠의 순으로 나타났다. 노인이라
는 특성 때문에 의료서비스에 대한 요구가 높은 것은 당연하다고
할 수 있다(선국진, 2004). 그러나 제공되는 서비스는 입지조건에
따라 달라지고, 시설의 규모와 공용면적 등 건축계획상의 조건도
바뀌게 되어 시설계획상의 중요한 조건이라고 할 수 있다.

의료서비스 제공형태는 동일시설 내에서 제공하는 형태, 제휴병
원으로부터 조달해 받는 형태, 제휴병원으로 가서 받는 형태로 분
류할 수 있는데, 참고로 일본의 경우 후생성의 규정에 의해 최소
시설의 공용부분에 입주정원의 5%를 수용할 수 있는 요양시설을
의무적으로 두어 건강관리 등의 기본적인 서비스를 제공하면서 고

도의 의료서비스는 일반적으로 지역 내 병원과의 연계계약을 맺어 제공하는 형태가 많다.

2. 한국형 실버타운 모델 제시

한국형 실버타운 모델을 도시형과 도시외곽형으로 제시하고자 한다. 도시형은 기존의 도시형과 유사하고, 도시외곽형은 저자가 기존 유형인 도시근교형과 전원형을 통합하여 새로운 형태로 개발한 유형이다.

가. 도시형

기존의 분류형태인 도시형은 대체로 서울특별시와 6대 광역시를 중심으로 소재하였으나, 한국형 실버타운 모델인 도시형은 서울특별시와 6대 광역시에 행정구역상 시부를 포함한 형태이다.

도시형 실버타운 입지 수는 인구 2만 명당 150세대를 기준으로 하였으며, 기준근거는 수요와 공급 추이에 따른 것이다. 공급자 측면에서 볼 때 수요가 없는 곳에 실버타운을 건립할 타당성은 전무하며, 150세대의 수요가 보장되어야만 실버타운을 건립한다. 인구 2만 명당 중산층은 15%인 3,000명 수준이며, 150세대를 기준으로 하는 도시형 실버타운 입소인원은 200명이다. 세대기준 입소비율은 단독주거 노인세대가 100세대이며, 부부주거 세대가 50세대를 기준으로 한다.

수요자인 중·상위층 노인인구 3,000명은 잠재적 수요자이고, 이 중 40.2%인 1,206명이 실질 수요자이다. 2만 명을 기준으로 하는 도시형은 실질수요자 1,206명 중 약 17%인 200명만을 입소시킴으로써 수요와 공급의 원칙을 충실히 따르게 되어 공급자 측면에서는 이윤창출과 기회비용이 보장되고, 수요자 측면에서는 실버타운 활성화로 입주율이 높아진다고 볼 수 있다.

도시형의 환경적 요건인 입지조건, 입주비용, 주거시설, 여가시설, 생활서비스시설, 보건·의료시설, 생산기능서비스에 대하여 살펴보면 다음과 같다.

1) 입지조건

도시형은 서울특별시와 6대광역시, 행정구역상 시부에 입지한 실버타운을 의미한다. 도시형 실버타운은 가족·친지와의 왕래가 빈번하도록 대도시의 이점을 살린 교통의 편리성, 공공시설, 의료시설, 편의점 등을 이용하기 편리한 곳에 입지하는 것이 유리하다. 단, 대도시의 중심 지역에 실버타운을 건립하는 것은 다소 문제가 있기 때문에 도시형 실버타운을 건립한다면 대도시 인근에 입지할 수밖에 없다. 이는 대도시 중심 지역에 실버타운을 건립하려면 투자비용이 대폭 상승하고, 지역주민들의 반대가 예상되기 때문이다.

도시형은 커뮤니티 활동에 적극 참여할 수 있고, 친구·동료와의 친교가 넓고 광범위한 취미를 가질 수 있으며, 또한 과거 경험을 활용하여 지역 내에서 일을 지속할 수 있는 유형으로 중·상위층 노인인구가 선호하는 특성이 있다.

도시형의 장점은 기존의 생활권 연장, 가족·친지와의 교류, 근린생활권 보장, 문화정보의 지속성 등을 들 수 있다. 따라서 이러한 장점을 활용할 수 있는 입지를 선정하는 것이 좋다.

2) 입주비용

도시형의 입주비용은 공급자 측면에서는 입주방식에 따른 유형 중 종신이용권형을 선호하기 때문에 수요자 측면에서는 비용이 상승할 수밖에 없다. 도시형은 높은 지가로 투자·개발비용, 관리비, 인건비 등의 상승 때문에 건물의 고층화 등 사업비용이 상승할 수밖에 없다. 공급자 측면의 비용상승은 수요자 측면에서 볼 때 입주비용의 상승으로 연결되므로 수요자 측면에서는 입주비용의 상승으로 인해 입소를 꺼리게 된다. 따라서 도시형 실버타운의 입주비용은 현재 운영되고 있는 실버타운의 입주비용 평균 1억 5,000만 원보다 50% 절감된 약 7,200만 원 선이 적당하다고 판단되며, 입주방식을 전세형으로 하여 입주자의 재산가치를 인정해 주는 것이 타당하다고 본다. 이는 중산층의 노인인구는 현 입주비용 1억 5,000만 원을 부담할 수 있는 여건이 되지 못하고, 또한 서울특별시를 제외한 도시형 실버타운의 입지 지역은 개발비용이 절감되어 현 입주비용의 50%가 타당하다고 본다.

3) 주거시설

도시형은 높은 지가와 신규부지 확보 곤란으로 고층·다층화될 수밖에 없다. 그러나 도시근교형이나 전원형에 비하면 도시형의 주거시설은 원스톱 형식의 시설로 구성되어 있어, 노인들의 동선이나 신체적, 정신적, 심리적, 사회적 특성을 고려한 주거시설로 이루어져 있다. 현재 운영되고 있는 실버타운이 고층화되어 있지만 차후에 건립될 도시형은 도시인근 지역이 적합하기 때문에 도시인근 지역의 특성에 맞는 다층복합시설로 건립되어야 한다.

4) 여가시설

도시형은 인적 자원을 활용한 여가유형을 볼 때 도시근교형이나 전원형에 비해 우수하다. 반면 도심에 위치한 관계로 여가시설 중 관광자원 및 관광시설은 도시근교형이나 전원형에 비해 열악한 실정이다. 다양한 인적 자원을 활용한 프로그램을 개발하여 노인여가활동의 욕구를 충족시켜 주어야 한다. 또한 지역시설과의 연계를 통한 프로그램 개발이 이루어져야 한다.

5) 생활서비스시설

도회지의 특성상 생활서비스시설은 근린생활권이기 때문에 도시근교형이나 전원형에 비해 노인인구의 편리성을 보장하고, 보다 나은 환경을 제공하고 있다. 생활서비스시설은 노인인구의 신체적, 정신적, 심리적 여건을 충족시킬 수 있어야 하는데 노인인구의 일정한 신체적 활동이 수반되도록 설계되어야 한다.

6) 보건·의료시설

보건·의료시설은 도시형이 내·외부 서비스 면에서 도시근교형이나 전원형보다 나은 서비스를 제공할 수 있지만 실버타운 건립이 종합병원급 보건·의료시설에 인접한 위치에 입지할 수 없기 때문에 소규모 병원은 활용이 가능하나 종합병원급 시설로 이동 시 시간상의 제약으로 종합병원급과 연관된 서비스제공에는 제약 조건이 따른다. 따라서 종합병원의 서비스를 쉽게 받을 수 있도록 연계체계를 마련할 필요가 있다.

7) 생산기능서비스

도시형은 인구비율상 노인일자리를 창출하기에 많은 제약조건이 따른다. 도시형에 입주한 대상이 주로 전문직에 종사한 경험을 가지고 있기 때문에 지식형 근로자로서의 활용은 가능하나 육체적 노동의 특성을 갖는 생산직 노동에는 활용이 미비하다. 따라서 지식형 근로자의 장점을 살릴 수 있는 각종 시니어클럽이 활성화되어야 한다.

나. 도시외곽형

1) 환경적 요건

한국형 실버타운모델인 도시외곽형은 기존의 분류형태인 도시근교형과 전원형을 하나로 통합한 형태로서 입지 지역은 행정구역 분류상 시급 이하인 군·읍·면 단위에 건립된 실버타운을 의미한다. 전국 행정구역 분류상 시와 군·읍·면 단위의 이동시간은 대략 1시간 이내의 거리에 위치하고 있어 기존의 입지조건 분류상의 도시근교형과 전원형의 구분은 뚜렷한 차이가 없어졌다고 볼 수 있다. 또한 이동시간의 단축으로 도시의 생활공간·문화시설·병원시설의 이용에 있어서 도시근교형이나 전원형으로 구분하는 것은 의미가 없어졌다고 볼 수 있다. 한국형 실버타운모델인 도시외곽형은 입지조건으로만 본다면 도시의 형태와 전원의 형태를 띠고 있어 기존의 도시근교형으로 볼 수도 있지만 교외나 전원에서 활용이 가능한 경제활동 요소를 포함하고 있어 새로운 형태의 한국형 실버타운 모델이라고 할 수 있다. 또한 도시외곽형은 상류층을 겨냥한 고급화된 도시형과는 달리 동일 수준의 생활서비스를 포함하여 지역·가족세대 간의 커뮤니케이션, 사회적인 봉사활동을 통한 노인들의 삶의 질을 한층 높이는 중·상위층을 겨냥한 모델이다.

도시외곽형의 환경적 요건인 입지조건, 입주비용, 주거시설, 여가시설, 생활서비스시설, 보건의료시설, 생산기능서비스에 대하여 살펴보기로 한다.

● 입지조건

도시외곽형은 대도시 및 소도시에서 50㎞를 전후하여 입지해야 하며, 투자·개발비용절감을 위해 군소재지 인근에 입지해야 한다. 이는 대도시 및 소도시의 장점을 활용할 수 있고, 실버타운에 입주를 희망하는 노인인구가 도심의 일반적 특성인 문화시설, 편의시설, 보건의료시설, 교통의 편리성을 보장받기 때문이다. 특히 노인인구의 신체적 특성을 고려하여 보건의료시설 인근에 입지하는 것이 바람직하다.

도시외곽형 실버타운은 군소재지에서도 중심지보다는 중심지에서 약 3㎞ 이내에 위치해야 한다. 군소재지는 대체로 행정관청, 상가, 주택단지, 학교 등이 위치하기 때문에 건립허가상의 문제점이 있고, 부지선정의 어려움이 있다. 수요자 측면에서의 도시외곽형 입지조건으로는 다음과 같은 사항을 고려해야 한다. 첫째, 모든 비용은 거주자가 부담하는 것이 원칙이므로 저렴한 가격으로 구입이 가능한 곳이라야 하며, 둘째, 교통 등 인위적인 환경이 좋아 지역사회로부터 격리감 또는 소외감을 느끼지 않으면서 지역서비스를 제공받기에 편리한 곳이라야 하며, 셋째, 의료 및 간호서비스에 대한 수요가 높으므로 병원 등 의학적 서비스를 받을 수 있는 곳과 가까이 있어야 하며, 넷째, 지형특성상 대지의 진입은 경사가 급한 비탈이 아니어야 하며, 다섯째, 자연경관 등의 혜택이 있는 곳이라야 하는데 일반적으로 소음과 오염된 공기로부터 노인들을 보호하기 위하여 교통량이 많은 도로변은 피하는 것이 좋다. 또한 실버타운 내에는 선진국과 같이 상가, 병원 등 각종 복지시설이 갖추어져야 할 것이나 한국에서는 여건상 그렇지 못하다. 한국과 같은 여건에서의 실버타운은 기타 지역서비스 시설과의 접근이 용이한 위치에 건립하는 것이 바람직하며 병원이나 의료적 서비스를 얻을 수 있는 곳 가까이 있어야 한다.

● 입주비용

입주비용의 산정은 민간부문 공급자에 의해서 산정되는데 입주방식에 따라 비용의 차이가 발생한다. 입주방식에 따른 유형분류는 시설이용 비용부담에 따라 분양형, 종신이용권형, 회원권형으로 분류할 수 있다. 대체로 민간부문에서 설립한 한국의 실버타운은 종신이용권형을 선택하고 있다. 종신이용권형은 보증금 납입방식에 따라 3가지 형태로 적용할 수 있는데 보증금을 적게 내고 월간 납입금을 많이 내는 방식, 토지와 건물에 투자한 액수만큼 보증금을 수납하고 월간 납입금을 내는 방식, 초기에 토지와 건물에 투자한 금액을 포함하여 종신토록 생활하는 생활비를 먼저 지불하는 방식이 있다.

민간부문 공급자 입장에서 보면 두 번째나 세 번째 방식을 제일

선호할 것이나 수요자 측면에서 보면 공급자의 전횡을 막을 만한 뚜렷한 법적 제재장치가 없고, 공급자의 고의부도나, 부도에 대해서 대항할 만한 방법이 모색되어 있지 않다. 첫 번째는 나머지 방식에 비해 수요자의 손실의 규모가 적다 할 수 있으나 민간부문의 공급자 측에서 이러한 방식을 선호하지 않기 때문에 현실적으로 활용되지 않고 있다.

따라서 한국형 실버타운 모델인 도시외곽형은 민간부문 공급업자가 선호하는 기존의 입주방식인 종신이용권형 방식을 선택하지 않고 분양형 입주방식을 따르는 것이 좋다. 분양형 입주방식은 입주자의 재산가치를 인정하고, 전매나 상속이 가능하여 종신이용권형의 문제점들을 해소할 수 있다. 분양형 입주방식은 공급자 측면에서도 초기투자·개발비용을 조기에 회수할 수 있고, 입주자에게 재산가치를 인정한 일정 지역을 뺀 나머지 지역의 재산권을 소유할 수 있다.

● 주거시설

도시외곽형의 주거시설은 도시형과 달리 단독주택 건립이 가능하고, 넓은 부지를 수용할 수 있기 때문에 실버타운 입주자의 일상생활공간의 연장선상에서 생활이 가능하도록 설계할 수 있다. 또한 건강을 고려한 활동공간을 제공할 수 있고, 주거시설 또한 노인인구의 신체적, 심리적인 여건, 동선을 고려하여 설계할 수 있다.

● 여가시설

노인인구의 여가활동은 다양한 형태로 이루어지기 때문에 여가시설 또한 이러한 욕구를 충족시킬 수 있는 시설과 프로그램으로 이루어져야 한다. 여기서 중요한 것은 실버타운 입주자인 노인들의 여가활용시간이다. 입주자의 여가활용시간은 계절별 시간 차와 개개인의 필요에 따라 제외되는 시간을 고려한다면 대략 5~7시간이다. 이러한 시간을 획일적인 여가시설활용에 그친다면 무료한 시간이 남게 되어 노인들의 고독감, 무료감을 더욱 증가시킬 것이다. 따라서 지역의 문화·관광시설과 연계한 여가활동이 이루어져야 하고, 시간 때우기보다는 삶의 활력충전으로 전환하는 적극적인 여가선용이 되도록 시설과 프로그램이 제공되어야 한다.

● 생활서비스시설

도시외곽형 실버타운은 도시형과는 달리 생활서비스 시설이 미흡할 것이라고 판단하는데 입지조건에서 밝힌 바와 같이 군소재지 인근에 입지하기 때문에 각종 지역생활편의시설을 활용할 수 있고, 실버타운시설 내에도 입주자의 편의를 보장할 수 있는 세탁소, 식당, 매점, 휴게실 등을 설치 운영할 수 있다. 특히 도시외곽형 실버타운은 실버산업과 연계한 생활서비스를 제공할 수 있다.

● 보건의료시설

보건의료시설은 실버타운시설 내에 기본적인 보건의료서비스가 제공되고, 지역 보건의료시설과 연계한 서비스가 제공된다. 특히 도시외곽형 실버타운의 입지조건이 보건의료시설에 인접한 지역에 입지하기 때문에 주기적인 서비스를 받을 수 있고, 응급상황에 실시간으로 대처할 수 있다. 각 주거시설에 응급벨을 설치하여 실버타운에 인접한 보건의료시설의 응급실과 즉각 대응할 수 있도록 해야 할 필요가 있다.

● 생산기능서비스

　민간부문 공급자에 의해 현재까지 운영되는 실버타운은 입주대상을 경제력이 있는 상류층으로 설정하였기 때문에 실버타운의 개념에 생산기능서비스는 포함되어 있지 않다. 그러나 서울대학교 백세인 연구에 의하면 건강하게 장수하기 위해서는 신체적이나 경제적으로 안전해야 하고 문화적 활동을 유지해야 하며, 생산활동에 참여하여 신체적으로 운동하고 의사결정을 하여야 건강한 노후를 보낼 수 있다는 것이다(농어촌복합단지시설 개발, 2007. 재인용).

　현재 한국의 실버타운은 주거나 양로 기능에 치우쳐 있다. 한국형 실버타운 모델인 도시외곽형은 〈그림 4 - 1〉에서 보는 바와 같이 현재의 서비스에 생산기능서비스를 부가한 것이다.

　인간의 구체적인 기본욕구는 경제적 안정, 직업적 안정, 가족관계의 안정, 의료와 건강의 문제, 교육의 기회, 사회협동의 기회, 문화·오락의 기회를 말하는데 노년기의 문제는 이러한 욕구와 기회의 상실이라고 한다. 이러한 노년기의 문제를 해결하기 위해서는 고령사회에 대한 인식을 장수사회라는 관점에서 바라볼 필요가 있다. 이를 위해서는 먼저 연령의 계층화에 따라 정년 이후의 인구를 경제·사회 일선에서 은퇴한 것으로 인식하지 않아야 한다. 노인을 사회·경제적으로 의존적인 존재가 아닌 적극적 경제활동이 가능한 독립적인 존재로 인식하여야 한다. 그리고 노인을 복지정책의 수혜자가 아닌 노인복지 정책에 의해 생산이 가능한 주체로 인식하여야 한다.

　따라서 도시외곽형 실버타운을 운영하는 민간부문 공급자와 지방자치단체는 노인들의 특성에 적합한 일자리를 발굴하고, 산업을 육성함으로써 노인들을 단순한 시혜적 대상에서 능동적이고 생산적인 계층으로 육성하여야 한다. 도시외곽형의 경우는 농촌 지역에 인접하고 있기 때문에 농촌자원을 다양하게 활용할 수 있는 지식을 창출하고, 그 자원을 이용하여 신제품을 개발하는 시스템을 만들어야 한다.

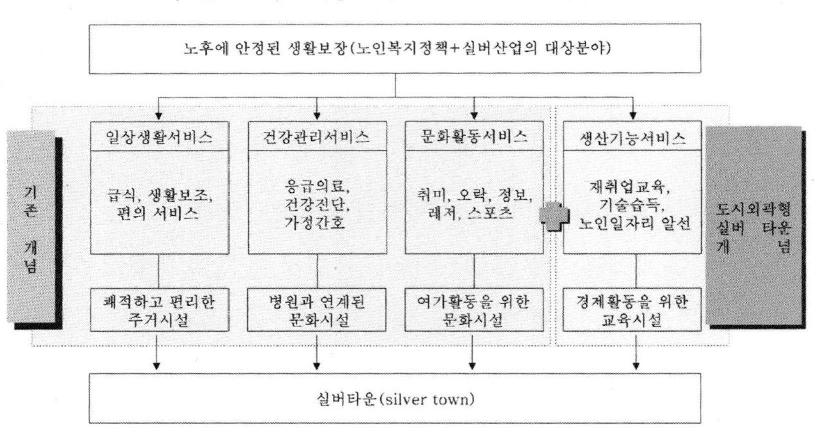

2) 모델 예시

도시외곽형 실버타운의 모델로 전라남도 영광군 영광읍 지역을 제시하고자 한다. 영광읍 지역에 실버타운을 설립한다고 할 때 앞에서 열거한 도시외곽형의 환경적 요건들이 어떻게 적용되는지를 설명하면 다음과 같다.

● 도시외곽형의 입지조건

도시외곽형의 입지조건은 행정구역상 대도시급인 광역시나 소도시급인 시에 비해 토지가격이 훨씬 저렴하다. 또한 도시형의 입지조건에서 충족되는 장점들을 수용할 수 있으며, 반면에 도시형의 단점으로 제기되는 주거시설이나 주변 자연경관, 관광자원 등도 활용할 수 있는 특징이 있다.

도시외곽형의 입지조건은 민간부문의 공급자 측면에서 볼 때 도시형에 비해 투자비용과 개발비용을 절감할 수 있어 소규모 자본으로도 실버타운을 건립할 수 있다. 〈표 4-2〉는 민간업자가 소규모 자본인 26억 원을 가지고 50세대 규모의 실버타운을 건립하기로 결정하고 입지유형을 선택하기 위해 도시형과 도시외곽형의 투자·개발비용을 비교분석한 것이다. 여기에서 보는 바와 같이 도시형과 도시외곽형의 투자·개발비용은 토지구입비용과 주거시설 건축비용에서 상당한 격차를 보이고 있다.

도시외곽형의 주거시설이 도시형에 비해 일상생활의 연장과 노인인구의 건강을 고려하여 건축소재를 황토로 선택하였고, 텃밭이나 소규모의 정원을 포함시키고 있음에도 도시형의 건축비용이 투자비용의 57.7%를 차지하고 있는 반면 도시외곽형은 건축비용이 투자비용의 38.7%를 차지하여 19%의 비용이 절감되었다.

<표 4-2> 도시형과 도시외곽형의 투자·개발비용 비교

구분	도시형 실버타운	도시외곽형 실버타운
위치	광주광역시 소재 첨단 지역	영광군 소재 영광읍
자본금	26억 원	26억 원
입주세대	50세더	50세대
주거형태	6층형 아파트	전원형 단독주택(황토소재) 텃밭, 소규모의 정원 포함
세대당 주거평수	15평	15평
대지	3천 평	3만 평
투자 및 개발비용		
토지구입 비용	7억 5,000만 원(평당 25만 원)	6억 원(평당 2만 원)
주거시설 건축비용	15억(평당 200만 원)	10억 500만 원(평당 134만 원)
부대시설 건축비용	3억 원 식당, 휴게실, 운동시설, 문화활동 시설 등	3억 원 식당, 휴게실, 운동시설, 문화활동 시설, 모정 등
인테리어 비용	1억 5,000만 원 각종 생활편의시설 포함	1억 5,000만 원 각종 생활편의시설 포함
조경 및 환경개선 비용	2억 원	1억 원
계	29억 원	21억 5,500만 원

영광군 영광읍 지역은 민간부문 공급자와 수요자인 노인인구의 이해관계를 충족시킬 수 있고 도시외곽형 실버타운의 입지조건을 갖춘 지역이다. 이 지역은 도시외곽형의 모델로 제시할 수 있는데 이는 〈그림 4-2〉, 〈그림 4-3〉과 같다.

〈그림 4-2〉에서 보는 바와 같이 도시외곽형 모델이 입지한 영광군 영광읍은 광주광역시에서 서쪽으로 53㎞ 지점에 위치하고 있으며, 차량이동 시간은 30분 정도 소요된다. 또한 서해안 고속도로 진입로인 영광IC까지는 차량으로 5분 정도 이동하면 된다. 따라서

대도시에서 누릴 수 있는 각종 생활서비스를 이용할 수 있다.

〈그림 4-3〉은 도시외곽형 모델의 입지조건을 충족시킬 수 있는 여건을 나타내기 위한 것으로 도시외곽형 실버타운 주변에 각종 체육시설, 병원(노인전문병원 포함), 관광자원, 생활서비스시설, 산책로 등이 근접하게 위치하고 있어 이동시간이 5분에서 20분 정도면 이러한 시설들을 활용할 수 있다. 이와 같은 조건은 민간부문 공급자 측면에서는 개발비용이 절감되고 수요자 측면에서는 지역주민과의 커뮤니케이션이 지속적으로 이루어질 수 있다는 것을 나타낸다.

〈그림 4-2〉 도시외곽형 지역인 영광읍 위치

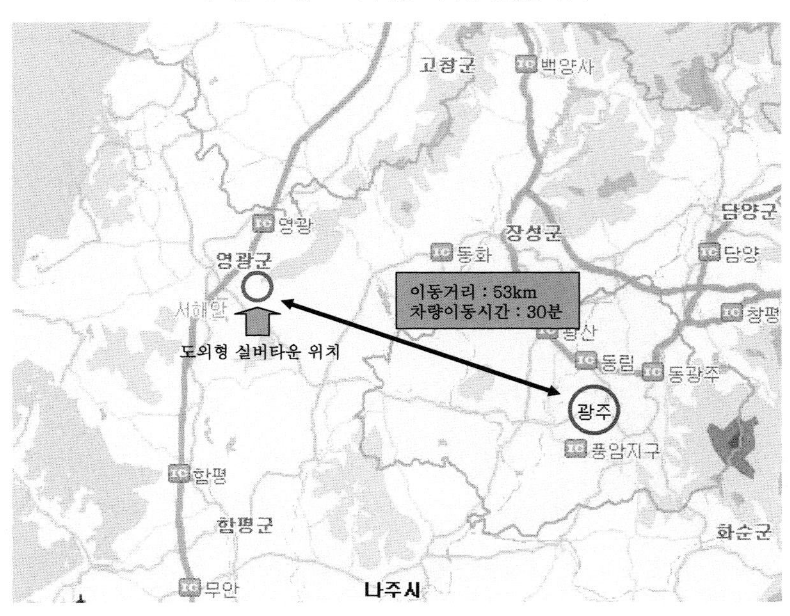

〈그림 4-3〉 도시외곽형 실버타운 입지조건

● 입주비용

도시외곽형 실버타운이 분양형 입주방식을 채택했을 시 입주비용은 민간부문 공급자 측이 고려해야 될 관리비, 인건비, 식생활 서비스 비용 등이 포함된다. 〈표 4-3〉의 50세대 기준 도시외곽형 실버타운을 기준으로 분양가를 산정해 보면 1세대당 대지 150평, 건평 15평의 적정 분양가는 5,000만 원이다. 이와 같은 분양가는 공급자 입장에서 보면 50세대 전체 분양 시 3억 4,500만 원의 이윤창출이 가능하고 수요자 입장에서는 5,000만 원의 재산 가치를 행사할 수 있다. 또한 민간부문의 공급자의 기회비용도 충족하고 있다. 즉 민간부문 공급자가 2년 동안 실버타운을 건립하고 분양을 완료했다면, 이 금액을 가장 안전한 현 시중 은행금리(4%)로 계산

한 1억 7,240만 원보다 2배 정도의 이득을 볼 수 있다. 수요자 측면의 기회비용도 마찬가지다. 분양받은 실버타운을 전매할 수도 있으며, 현재 법률상 60세 이상의 자녀에게만 상속이 가능하기 때문에 상속은 어느 정도 제한요소가 발생하나 반면 자녀들이 전원주택으로 활용할 수 있어 상속조건의 제약요소를 상쇄할 수 있다. 생활비용은 민간부문 공급자가 제공하는 각종 재화나 서비스를 포함하여야 하기 때문에 공급자 측에서 산정하는데 1인 기준 월 33만 원이 소요된다(〈표 4 - 3〉 참조).

〈표 4 - 3〉 기존시설과 도시외곽형의 입주방식 및 비용, 특징 비교

구분	기존 입주유형	도시외곽형
입주방식	종신이용권형	분양형
입주비용		분양가 5,000만 원 월 납입금 33만 원
특징	재산가치 불인정 공급자 측의 전횡이나 부도에 대한 수요자의 대책 미흡 저렴한 생활비용	재산가치 인정(대지/건물) 전매나 상속 가능 자녀의 전원주택 활용

도시외곽형의 월 생활비(33만 원)에는 관리비, 인건비, 식생활비용, 시설사용료 및 감가상각비가 포함되어 있기 때문에 지방자치단체와의 협약에 따라 관리비 및 인건비 절감이 가능하고, 자체 텃밭에서 나오는 부식을 사용할 경우 식생활비용 또한 절감된다. 영광군에 입지하는 도시외곽형 실버타운과 같은 경우 관리비 중 전기세가 행정구역 분류상 대도시 및 시급에 비해 50% 절감이 가능하고 영광군에서 시행하는 각종 지원프로그램 강사를 지원받을 경우 인건비절감도 가능하다. 따라서 월 생활비가 25만 원으로 하향될 수도 있다.

● 주거시설

도시외곽형은 주거형태에 따른 분류상 단독 주거형으로 1세대 독립주거의 형태로 건립되는 유형이다. 건물의 형태는 황토소재를 활용한 단층식 전원주택형이고, 평수는 15평이다.

건물 내부의 시설은 〈그림 4-4〉에서 보는 바와 같이 노인인구의 동선과 생활환경, 자녀들의 왕래를 고려하여 설계되었다. 생활편의시설은 일상생활과의 연장선상이 되도록 고려하였다. 주택기능을 고려하여 개인공간으로 방 2개, 욕실 1개, 가사공간으로 주방, 공동공간으로 거실과 데크를 설계하였다.

〈그림 4-4〉 건물 단면도

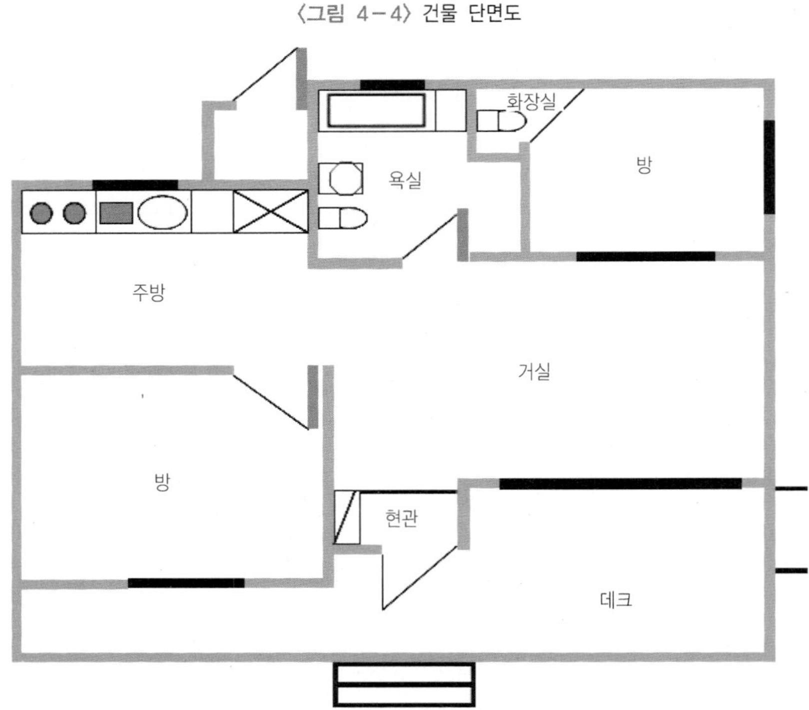

　도시외곽형은 기존의 실버타운 유형이나 도시형에 비해 가족 이용, 자연과의 조화 측면을 고려하였고, 공동주거형에 비해 쾌적함과 건강을 충분히 제공받을 수 있도록 설계하였다.

● 여가시설

　여가시설은 민간부문 공급자가 입주하는 노인인구의 여가시간을 고려하여 건축하여야 한다. 또한 개발·투자비용을 절감하기 위해 도시외곽형 실버타운 근교(1㎞ 이내)에 여가시설로 활용할 수 있는 자원이 확보되어 있으면 좋다.

　현재 운영되고 있는 실버타운을 기준으로 볼 때 노인인구의 여가시간은 숙식을 제외한 나머지 시간이 전부 여가시간이다. 이것을 시간으로 나타내면 대략 5~7시간이다. 이는 계절별 시간 차와 개개인의 필요에 따라 제외되는 시간을 고려한 시간이다.

　〈그림 4-5〉에서 보는 바와 같이 노인인구의 여가활동은 시설을 활용하는 하드웨어 측면과 인적 자원을 활용하는 소프트웨어 측면으로 나누어진다고 볼 수 있다. 하드웨어 측면은 여가활동의 주 공간이 되는 시설로서 도시외곽형 실버타운 내 시설과 외부 시설로 나누어진다.

　소프트웨어 측면은 여가활동이 시간 때우기가 아니라 적극적인 여가선용이 되도록 하기 위한 것으로 여가활동이 삶의 활력충전으로 전환되도록 하기 위한 것이다. 소프트웨어 측면에서 중요한 것은 여가활동을 레크리에이션 위주로 접근하는 것이 아니라 노인인구의 신체적, 정신적, 심리적, 사회적 활동이 아직까지 필요하다는 것을 느낄 수 있도록 접근하는 것이다.

레크리에이션 활동만으로는 인간으로서의 의미나 정체감을 유지할 수 없고, 정신적 능력과 사회와의 관계도 지속할 수가 없다. 즉 획일화된 레크리에이션은 반복되는 지루한 일상으로 노인들의 고독감과 무력감을 더해 줄 뿐이다.

여가활동이 인간의 구체적인 기본욕구인 경제적 안정, 직업적 안정, 가족관계의 안정, 교육의 기회, 사회협동의 기회, 문화오락의 기회를 충족하여 삶의 활력을 되찾게 해 주어야 한다.

민간부문 공급자는 이러한 노인인구의 욕구와 기회를 충족시켜 주기 위해 도시외곽형 실버타운이 입지한 해당 지방자치단체와 연

〈그림 4-5〉 도시외곽형 실버타운 여가활동체계

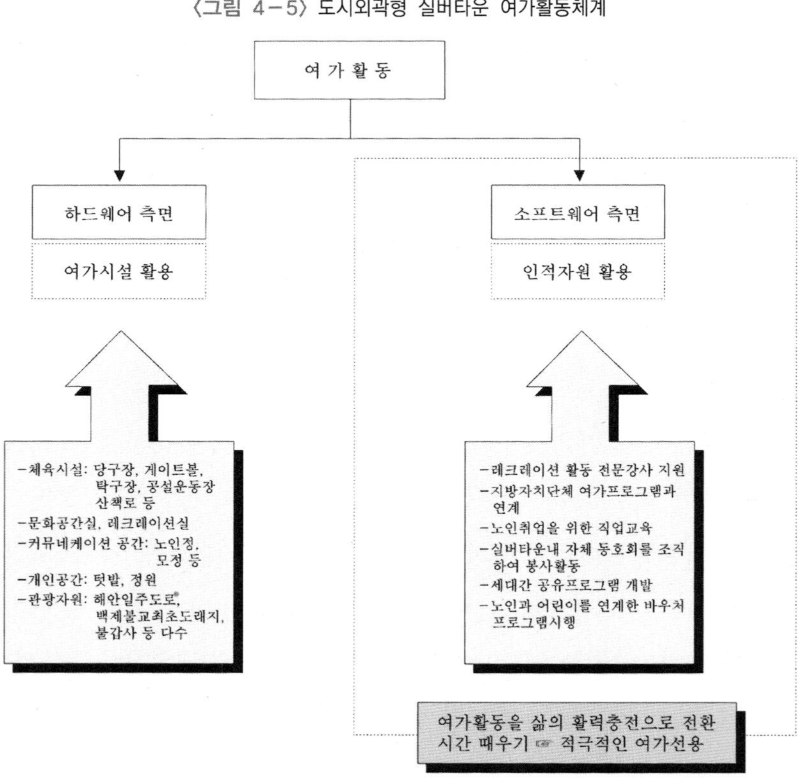

계한 각종 프로그램을 개발하고 노인인구 스스로가 자원봉사를 통한 삶의 의미를 찾을 수 있도록 해야 할 것이다. 이러한 프로그램의 예는 〈그림 4-5〉에서 제시하는 소프트웨어 측면이다.

● 생활서비스시설

도시외곽형 실버타운 생활서비스시설은 실버타운 내 시설과 실버타운 외곽 1km 이내에 위치한 시설로 구분할 수 있는데 실버타운 내는 기본 생활서비스시설이 위치하도록 한다.

실버타운 내의 기본 생활서비스시설은 〈그림 4-6〉과 같다. 〈그림 4-6〉에서 제시하는 생활서비스시설 중 세탁소는 빨래방 형태로 일일 1회 수거하여 세탁하고, 운영은 관리자나 식당에서 일하는 직원 중 한 명이 한다.

약국과 매점은 실버타운 주거시설에서 약 30m 떨어진 곳에 위치

〈그림 4-6〉 실버타운 내 기본생활서비스시설

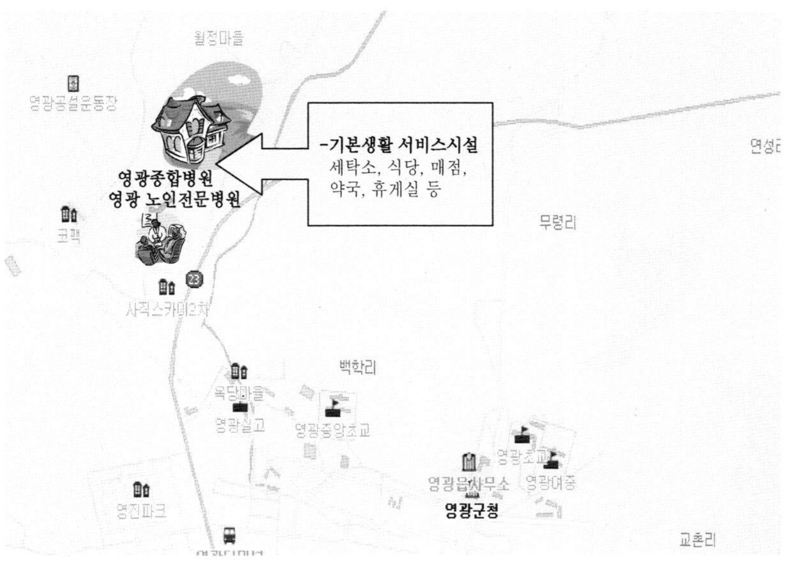

한 기존시설을 활용한다.

● 보건 · 의료시설

도시외곽형 실버타운 내에 보건 · 의료시설을 별도로 설치하여 이곳에서는 가장 기본적인 의료활동과 응급처치를 할 수 있도록 한다. 자격증을 소지하고 있는 간호인력 1명을 배치하여 일일 1회 각각의 노인들을 찾아가 건강상태를 확인한다.

영광군 영광읍에 입지하는 도시외곽형 실버타운 모델은 실버타운 주거시설로부터 30m 떨어진 곳에 종합병원이 위치하고 있고, 특히 노인질환이나 요양을 위주로 하는 노인전문병원이 위치하고 있다. 따라서 민간부문 공급자는 이와 같은 병원과 의료서비스를 체결하고 노인인구의 특성상 갑작스럽게 발생하는 응급상황에 대비하기 위해 주거시설에 응급벨을 설치하여 종합병원 응급실이나 노인전문병원 당직의사와 직접 연결되도록 한다.

노인전문병원과는 월 1회 정기검진을 받을 수 있도록 협약을 체결하고, 실버타운 입소 후에 개인생활을 할 수 없을 지경에 이른 노인에 대해서는 노인전문병원에서 요양을 할 수 있도록 한다.

● 생산기능서비스

현재 운영되고 있는 도시형, 도시근교형, 전원형 실버타운은 입주자인 노인들의 경제적 활동보다는 생활의 편리나 여가활동에 치중되어 있다. 이는 노인문제가 인간의 구체적인 기본욕구와 경제적 기회 상실 때문에 발생한다는 점에서 본다면 생활의 편리나 여가활동보다는 경제적 · 직업적 안정을 위한 생산기능 보장이 우선되어야 하겠다. 따라서 도시외곽형 실버타운 입지 지역인 영광군이

노인인구의 일자리 창출과 재취업교육, 기술습득을 위한 교육을 시
행하고 있기 때문에 이러한 프로그램과 연계하여 생산기능서비스
를 활성화할 수 있는 좋은 여건을 갖추고 있다.

에필로그

수명이 연장됨에 따라 정년이나 자녀가 독립한 이후의 노년기가 큰 폭으로 확대되고 있고, 대략 20년 이상의 기간이 노년기에 편입됨으로써 실버 라이프는 무려 인생의 1/3을 차지하게 됨으로 보다 풍요롭고 쾌적한 노년생활을 위한 생애설계의 구축이 새로운 관심사로 부각되었다. 특히 21세기는 고령사회로의 진입과 함께 노인층의 소득수준 향상 및 중산층의 급증으로 인하여 노인복지에 대한 수요가 증대될 것이며, 이를 시장경제 원리에 입각하여 보다 나은 복지시스템을 공급하기 위한 실버타운이 본격적으로 대두될 것으로 보인다.

이러한 실버타운은 노인생활의 편의를 제공하고 삶의 질적 향상을 위한 역할을 수행하게 될 것이며, 미래 노인의 사회문제를 방지하는 간접적인 수단이 될 것으로 본다. 따라서 실버타운은 노인복지 해결을 위한 간접적인 제반 환경 중 가장 중요하게 다루어져야 한다. 이에 한국 실버타운 모델 개발을 위한 방안을 살펴보았다.

한국의 실버타운은 아직 초보수준이지만, 고령화 사회로의 진행 속도가 빨라 21세기에는 각종 실버산업이 새로운 문화산업으로 각

광받을 수 있다. 따라서 장기적인 전망을 가지고 선진국의 실버타운 사례를 참고하여 한국에 맞는 실버타운으로 발전시켜야 한다.

한국형 실버타운 모델인 도시외곽형은 기존의 문헌이나 논문 저서에 실린 실버타운 유형과 유사한 부분도 있지만 새로운 접근방식으로 기존의 문헌이나 논문 저서에서 다루지 못한 부분을 고찰하였다.

한국형 실버타운 모델인 도시외곽형이 이론에 머물지 않고 정부기관의 실버타운 정책수립, 공급자 측면의 사업성 제고, 수요자 측면의 사회적 인식변화를 선도하는 활용지침이 되기 위해서는 실버타운 활성화 방안이 강구되어야 한다. 이러한 실버타운 활성화 방안은 법·제도의 개선과 정책적 측면에서 발전 방향을 모색하고자 했다.

첫째, 법·제도적 측면에서 살펴보면 지방자치단체의 노인주거복지시설 설치를 의무화하고 인·허가 조건을 완화하는 등 규제를 완화하여, 재산세, 종합토지세, 부가가치세, 부동산 임대사업 소득세, 양도소득세 및 개발 부담금을 감면해 주는 등의 역할을 해야 할 것이다.

둘째, 정책적 측면에서 살펴보면 지방자치단체는 수익자 부담 원칙을 적용하는 것을 현실화해서 민간기업이 참여할 수 있도록 지원해야 한다. 지원사업으로는 융자지원사업과 고령자 고용업체 등의 지원사업 등을 실시해야 한다. 마지막으로 자원봉사 제도를 적극 활용함으로써 지방자치단체의 열악한 재정의 문제점을 극복할 수 있을 것이다.

셋째, 민간기업과 국가, 그리고 지방자치단체가 각자의 역할을 수행하고 협력해야 할 것이며, 실버타운과 관련해 사회적 인식 및 입소자 자신들의 인식이 전환되어야 할 것으로 본다.

미래사회에는 사전에 노후준비를 해두거나 연금 등에 의해서 노후생활을 준비하는 노인의 비율이 증가하게 될 것이며, 노인들이 가지는 소비자로서의 구매력도 증대될 것이 예상된다. 앞으로 이러한 상황변화에 대응하기 위해서 현재의 공공부조 서비스만을 위주로 하는 노인 복지정책을 지양하고 실버산업의 육성을 통하여 민간단체, 민간기업 등이 적극 참여할 수 있는 정책적 지원이 있어야 할 것이다. 지금까지의 노인복지정책이 비록 저소득층 위주의 정책이었다면 앞으로는 중산층 노인들을 위한 실버타운의 개발이나 여가 공간의 확대 등 삶의 질을 높이기 위한 방안을 강구하여야 할 것이며, 가족들의 부담을 덜어 줄 수 있는 프로그램이 많이 개발되어야 할 것이다.

복지서비스는 지역주민과 가장 가까운 곳에서 그들의 수요를 파악하고 지역특성을 살린 다양한 복지서비스를 제공하기 때문에 노인복지 공급사무의 대부분은 지방자치단체가 책임져야 할 분야로 볼 수 있다. 따라서 국가는 노인의료·복지체계의 정비, 비용의 보조 등 지원역할을 담당하고, 지방자치단체는 그 지역의 특성에 맞는 노인복지 서비스 프로그램의 개발, 지역단위 계획의 수립과 운영 등을 맡아야 할 것이다. 즉 지방자치단체의 노인복지정책은 보건복지부의 노인복지정책을 골격으로 하여 추진하면서 국가의 노인 정책이 다루지 못하는 수요자 계층에 대한 보완적 복지산업을 자체 산업으로 시행하여야 한다.

지방자치단체는 정부복지정책의 혜택이 미치지 못하는 부분을

보완해야 하는데 현 정부의 실버타운에 대한 정책은 미흡한 실정
이다. 따라서 지방자치단체는 지역인구감소 및 특히 농촌 지역의
자치단체는 초고령사회의 진입에 따른 문제점 해결방안으로 도시
외곽형 실버타운 건립에 각종 지원을 해야 한다. 최근 각 언론보도
에 따르면 일부 지방자치단체가 상기에서 거론한 문제해결방안으
로 공급업자 측과 사업체결에 앞장서고 있는 것도 도시외곽형 실
버타운이 차후 노인문제의 한 대안으로 부각될 것이다.

1. 국내문헌

김익균. 2002. 『노인복지론』. 대학출판사.
김익기. 1999. 『한국노인의 삶』. 생각의 나무.
대한건설협회. 2001. 『실버타운의 현황과 개발전략』.
박순용. 1993. 『노인전용 복합시설단지 개발』. 미디어.
박재간. 1995. 『고령화 사회의 위기와 도전』. 나남출판.
성명옥 역. 1999. 『노인복지입문』. 대학출판사.
유기상. 1997. 『실버산업을 잡아라』. 글사랑.
이인수. 2003. 『실버타운의 개발전략』. 21세기사.
채구묵 역. 1999. 『미국의 사회보장제도: 빈곤자 원조 프로그램』. 나남.
최성재·장인협. 2002. 『노인복지학』. 서울대출판부.
최혜경·정순희 공저. 2001. 『노인과 실버산업』. 동인 출판사.
황경성. 2004. 『일본의 고령자보건복지 제도와 정책』. 학지사.
현외성·김수영·조추용·이은희·윤은경 공저. 2000. 『한국노인복지
    학강론』. 유풍출판사.

건강보험심사평가원. 2007.
경기개발연구원. 1998. "일본실버타운 정책개발."
김완래. 2002. "실버타운의 운영실태와 활성화 방안에 관한 연구." 경희
    대 산업정보대학원.
김재익. 1998. "사회복지적 접근을 통한 실버타운의 활성화 연구." 서울

신학대 사회복지대학원 석사학위논문.

대한국토·도시계획학회 편저. 2002. "도시개발론." 보성각. pp.367~368 재정리.

배병선. 1997. "한국 실버산업의 문제점과 개선방안에 관한 연구."

배재성. 2002. "고령화시대의 실버비즈니스." LG주간 경제.

백길석. 2002. "한국 실버타운의 실태분석 및 활성화 방안에 관한 연구: 관련법규 및 제도 중심으로." 한양대 행정대학원 석사학위논문.

백세인. 2007. "농어촌복합단지개발."

보건복지부. 1994. "95년도 유료복지시설 설치자금 융자계획."

보건복지부. 2002. "노인보건복지 국고보조사업안내."

보건복지부. 2002. "노인보건복지사업안내."

보건복지부. 2003. "노인보건복지사업안내."

보건복지부. 2005. "노인보건복지사업안내."

보건복지부. 2005. "노인시설증가 현황 및 이용노인 수 증가실태."

보건복지부. 2006. "노인복지시설 현황."

삼성경제연구소. 1992. "실버산업의 현황과 전망."

서윤. 2000. "노인학대에 대한 사회복지사의 인지와 목격실태에 관한 연구."『노인복지연구』7. 한국노인복지학회.

선국진. 2004. "한국형 실버타운의 모형정립에 관한 연구."

은희상. 2001. "고령화 사회에 대비한 실버산업의 활성화 방안 연구." 원광대학교 대학원 석사학위논문.

이가옥. 2003. "2005 노인생활실태분석 및 정책과제."

이민경. 2003. "실버타운 선호도에 관한 연구－중·노년을 대상으로." 중앙대학교 대학원 석사학위논문.

이연숙. 1993. "실버타운 개발전략."

원영희. 1996. "미국의 노인복지정책 현황 및 미래."『노인복지정책연구』7. 한국노인문제연구소.

조선호. 2000. "한국 실버타운의 활성화를 위한 민간과 정부부문의 역할에 관한 연구." 경기대 행정대학원 석사학위논문.

통계청. 2002. "정보화실태보고서."

통계청. 2003. "장래가구 추계."

통계청. 2007. "시도, 시군구별 고령인구."

한국노인복지시설협회. 2004. "2004년도 노인복지시설 현황." 기준자료 재정리함.

경주실버타운. 2006. 12. http://www.kyoungjusilver.com.

박재간. 1993. 11. "미래 사회의 노후생활과 실버산업." 석정실버.

삼성 노블카운티. 2006. 12. http://www.samsungnc.com.

서울 시니어스타워. 2006. 12. http://www.sst.co.kr.

수동 시니어타운. 2006. 12. http://www.sudongtown.co.kr.

시니어저널. 2001. 2. 28. "미국 실버타운 정책과 현황"

시니어저널. 2001. 4. 23. "일본 실버타운 정책과 현황"

실버텔 장자동. 2006. 12. http://www.janggadong.co.kr.

유당마을. 2006. 12. http://www.yudang.co.kr.

유하룡. 2003. 1. 7. "고령화사회가 다가온다." 조선일보.

2. 외국문헌

Blau, B. L. 1973. *Old Age in a Changing Society*. New York: A Division of Franklin Watts. Inc.

Faith, Popcorn and Lys Marigold. 1992. *Clicking: 17 Trends That Drive Your Business and Your Life*. Harper Business.

Harold, D. Lassewell. 1951. "The Policy Orientation." in Daniel Larner & Harold Lassewell(eds). *Policy Sciences*(Stanford, CA: Stanford University Press).

Horowitz, A. 1985. "Family Caregiving to the Frail Elderly." In Lawton & G. Maddox(Ed.), *Annual Review of Gerontology and Geriatrics*. New York: Springer.

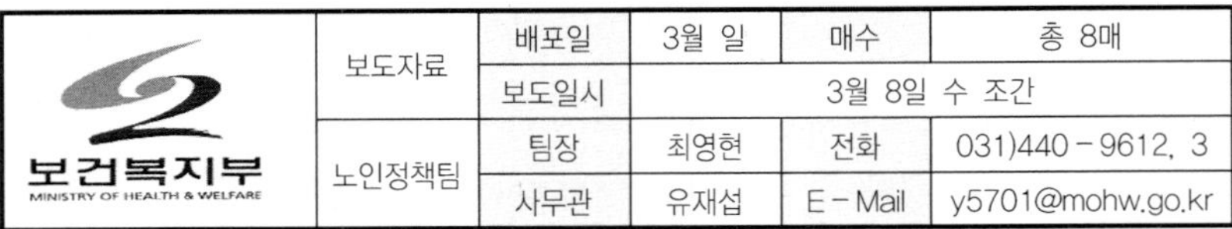

보도자료	배포일	3월 일	매수	총 8매
	보도일시	3월 8일 수 조간		
노인정책팀	팀장	최영현	전화	031)440 - 9612, 3
	사무관	유재섭	E - Mail	y5701@mohw.go.kr

노인요양시설 전년대비 52.6% 대폭 증가

- 2005년도 노인복지시설 현황 조사 결과 발표 -

─────────── 〈주요 내용〉 ───────────

◆ 보건복지부(長官 柳時敏)는 전국의 노인복지시설 운영 현황('05. 12. 31 기준)의 조사 결과를 종합한 『2005년도 노인복지시설 현황』을 발표하였음.

◆ 2005년도 노인복지시설 운영 결과, 노인여가복지시설을 제외한 노인복지시설은 대폭 증가한 것으로 나타났음.

<각 시설 '04년 대비 '05년 증가율>

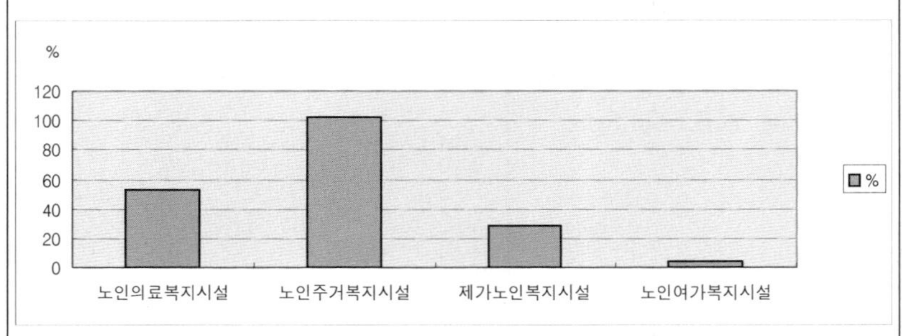

○ 치매·중풍 노인에게 요양서비스를 제공하는 노인의료복
지시설(노인요양시설 및 노인전문병원) 52.6% 증가('04년
382개소 → '05년 583개소)

○ 무의탁노인에게 주거기능을 제공하는 노인주거복지시설(양
로시설 등) 102.9% 증가('04년 139개소 → '05년 282개소)

○ 가정 내 노인에게 간병수발서비스 등을 제공하는 재가노인
복지시설 28.5% 증가('04년 662개소 → '05년 851개소)

○ 경로당, 노인복지회관 등 노인여가복지시설 4.8% 증가('04
년 52,261개소 → '05년 54,785개소)

○ 2005년도 노인복지시설 전체 규모는 5.7% 증가('04년
53,461개소 → '05년 56,518개소)

◆ 2005년도 노인복지시설 증가 요인은 2008년 7월 노인수
발보험제도의 도입에 대비하여 치매·중풍 등 중증질환노
인을 입소 보호하는 노인요양시설이 정부 지원을 통해 대
폭 확충되고 있는 점과, 민간사업자가 참여하는 유료노인
복지시설이 지속적으로 확충되고 있다는 점을 들 수 있음

◇ **노인복지시설의 전체규모는 경로당을 포함한** 56,518개소로
전년 대비 5.7% 증가

○ **치매·중풍 등 노인성질환 노인**이 입소하는 요양시설 등 노
인의료복지시설은 52.6% 증가

○ 일상생활이 가능한 무의탁노인이 입소하는 양로시설 등 노인

주거복지시설은 102.9% 증가

○ 재가노인복지시설은 28.5% 증가, 노인여가복지시설도 4.5% 증가

※ **노인복지시설 유형(노인복지법 제31조)**

☞ **노인의료복지시설: 무료(실비 · 유료)노인요양시설, 무료(실비 · 유료)노인전문요양시설, 노인전문병원**

☞ **노인주거복지시설: 무료(실비 · 유료)양로시설, 유료노인복지주택**

☞ **재가노인복지시설: 가정봉사원파견센터, 무료(실비)주간보호시설, 단기보호시설**

☞ **노인여가복지시설: 노인복지회관, 경로당, 노인교실, 노인휴양소**

◇ **노인의료복지시설은 노인수발보험제도에서 가장 중요한 역할**을 수행하게 되는 시설로서, 그중 노인요양시설은 **정부의 노인요양시설 인프라 확충계획**에 따른 지속적인 신축 지원과 유료노인요양시설에 대한 민간사업자 참여로 인하여 583개소에서 치매 · 중풍 등 노인성 질환 노인 35,172명(정원기준)이 입소하여 요양서비스를 제공받고 있다.

○ 정부가 지원하는 **무료 또는 실비** 노인요양시설은 416개소, 26,096명으로 전년도 282개소, 20,333명에 비해 47.5% 증가하였다.

○ 민간사업자가 참여하는 **유료**노인요양시설도 167개소, 9,076명으로 전년도 100개소, 6,182명에 비해 67.0% 증가하였다.

<노인의료복지시설 현황>

(단위: 개소, 명)

구분		계		무료		실비		유료	
		시설수	입소정원	시설수	입소정원	시설수	입소정원	시설수	입소정원
요양	'05	356	17,329	149	10,321	123	4,819	84	2,189
	'04	214	12,679	131	9,384	42	2,310	41	985
전문요양	'05	187	12,634	139	10,436	5	520	43	1,678
	'04	143	10,203	108	8,539	1	100	34	1,564
전문병원	'05	40	5,209	–	–	–	–	40	5,209
	'04	25	3,633	–	–	–	–	25	3,633
계	'05	583	35,172	288	20,757	128	5,339	167	9,076
	'04	382	26,515	239	17,923	43	2,410	100	6,182

◇ **노인주거복지시설**은 주거의 편의를 제공하는 시설로서 양로 시설과 노인복지주택이 있으며, 282개소에서 13,289명(정원 기준)이 입소하여 생활하고 있다.

○ 정부가 지원하는 **무료 또는 실비** 양로시설은 201개소, 7,177 명으로 전년도 90개소, 5,335명에 비해 123% 증가하였다.

○ 민간사업자가 참여하는 **유료**양로시설 및 **유료**노인복지주택도 81개소, 6,112명으로 전년도 49개소, 4,085명에 비해 65.3% 증가하였다.

<노인주거복지시설 현황>

(단위: 개소, 명)

구분		계		무료		실비		유료	
		시설수	입소정원	시설수	입소정원	시설수	입소정원	시설수	입소정원
양로	'05	270	11,131	137	6,051	64	1,126	69	3,954
	'04	131	8,188	78	4,972	12	363	41	2,853
주택	'05	12	2,158	–	–	–	–	12	2,158
	'04	8	1,232	–	–	–	–	8	1,232

구분		계		무료		실비		유료	
		시설수	입소정원	시설수	입소정원	시설수	입소정원	시설수	입소정원
계	'05	282	13,289	137	6,051	64	1,126	81	6,112
	'04	139	9,420	78	4,972	12	363	49	4,085

◇ **재가노인복지시설**은 신체적·정신적 장애로 일상생활이 곤란하여 가정에서의 보호가 필요한 노인을 지원하는 가정봉사원파견센터 등 851개소가 운영되고 있고, 40,002명(정원기준)의 노인에게 각종 재가복지서비스를 제공하게 된다.

○ **가정봉사원파견센터**는 식사준비·목욕지원·말벗 등 가사지원서비스를 제공하는 시설로서 399개소, 32,752명이 이용되고 있으며, 전년도 300개소, 24,836명에 비해 33.0% 증가하였다.

○ 맞벌이·보호자 출타 시 일시 보호해드리는 **주간 및 단기보호시설**도 452개소, 7,250명으로 전년도 362개소, 6,026명에 비해 24.9% 증가하였다.

<재가노인복지시설 현황>

(단위: 개소, 명)

구분		계	가정봉사원 파견시설	주간보호시설	실비주간 보호시설	단기보호시설
시설수	'05	848	399	280	66	103
	'04	660	300	237	41	82
이용 정원	'05	40,002	32,752	4,618	1,064	1,568
	'04	30,862	24,836	4,245	604	1,177

◇ **노인여가복지시설**은 건강한 노인들이 생활권 내에서 취미활동, 자원봉사활동, 정보교류 등 각종 여가활동을 할 수 있는

노인복지회관, 경로당 등으로서 54,785개소가 운영되고 있으며, 전년도 52,261개소에 비해 4.8% 증가하였다.

○ 노인에 대한 각종 상담, 건강증진·교양·오락 등 각종 프로그램을 운영하는 **노인복지회관**은 163개소로 전년도 152개소에 비해 7.2% 증가하였다.

○ 동네 사랑방 역할을 하는 **경로당**은 53,616개소로 전년도 51,287개소에 비해 4.5% 증가하였다.

<노인여가복지시설 현황>

(단위: 개소, 명)

구분		계	노인복지회관	경로당	노인교실	노인휴양소
시설수	'05년	54,785	163	53,616	1,002	4
	'04년	52,261	152	51,287	819	3

◇ 한편, 정부에서는 노인수발보험제도 도입('08. 7) 시까지 필요한 시설을 확충하기 위해 "노인요양보호인프라 10개년 확충계획('02. 10)"과 "노인요양시설 3개년 확충계획('06～'08)"을 수립하여 추진하고 있으며, 이의 일환으로 금년도에는 총 349개소 2,429억 원(지방비 포함)이 지원된다.

○ 무료·실비 노인요양·전문요양시설 신규지원: 102개소 1,514억 원

○ 소규모요양시설 신규지원: 65개소 252억 원

○ 가정형노인공동시설(그룹홈) 신규지원: 155개소 310억 원

○ 농어촌 종합재가노인복지시설 신규지원: 16개소 55억 원

○ 공립치매병원 신규지원: 11개소 298억 원

◇ 『2006년 노인복지시설 현황』 전체 명단을 보건복지부 홈페이지에 게재하여 노인요양시설 이용 희망자, 시설 운영자, 학계, 연구기관 등 관심 있는 자 누구나 쉽게 이용할 수 있도록 하였다.

○ 보건복지부 홈페이지 주소: www.mohw.go.kr

○ 홈페이지 초기화면 → 정보공개(화면 상단) → 분야별 → 업무편람·사업안내 및 지침 → 목록확인 또는 검색키 이용 검색

- 검색제목: 2006년 노인복지시설 현황

연도별 노인복지시설 현황

(단위: 개소, 명)

종류	시설	2003		2004		2005	
		시설수	입소정원	시설수	입소정원	시설수	입소정원
합계		50,517		53,461		56,518	
노인주거복지시설	소	125	10,175	139	9,420	282	13,289
	양로시설(무료)	85	5,724	78	4,972	137	6,051
	실비양로시설	5	207	12	363	64	1,126
	유료양로시설	29	2,326	41	2,853	69	3,954
	실비노인복지주택	0	0	0	0	0	0
	유료노인복지주택	6	1,918	8	1,232	12	2,158
노인의료복지시설	소계	254	20,220	382	26,515	583	35,172
	노인요양시설(무료)	113	8,572	131	9,384	149	10,321
	실비노인요양시설	19	1,085	42	2,310	123	4,819
	유료노인요양시설	19	683	41	985	84	2,189
	노인전문요양시설(무료)	68	5,641	108	8,539	139	10,436
	실비노인전문요양시설	0	0	1	100	5	520
	유료노인전문요양시설	13	871	34	1,564	43	1,678
	노인전문병원	22	3,368	25	3,633	40	5,209
노인여가복지시설	소계	49,633		52,261		54,785	
	노인복지회관	145		152		163	
	경로당 소계	48,800		51,287		53,616	
	경로당 신고	48,436		50,682		52,786	
	경로당 미신고	364		819		830	
	노인교실	684		819		1,002	
	노인휴양소	4		3		4	
재가노인복지시설	소계	505	23,234	662	30,862	851	40,002
	가정봉사원파견시설	228	18,785	300	24,836	399	32,752
	가정보상원교육시설	0		2		3	
	주간보호시설	178	3,117	237	4,245	280	4,618
	실비주간보호시설	33	490	41	604	66	1,064
	단기보호시설	66	842	82	1,177	103	1,568
노인보호전문기관	노인보호전문기관	0		17		17	

노인복지시설현황 총괄표

☐ 노인주거복지시설

(단위: 개소, 명)

구분		계		무료		실비		유료	
		시설수	입소정원	시설수	입소정원	시설수	입소정원	시설수	입소정원
양로	'05	270	11,131	137	6,051	64	1,126	69	3,954
	'04	131	8,188	78	4,972	12	363	41	2,853
주택	'05	12	2,158	–	–	–	–	12	2,158
	'04	8	1,232	–	–	–	–	8	1,232
계	'05	282	13,289	137	6,051	64	1,126	81	6,112
	'04	139	9,420	78	4,972	12	363	49	4,085

☐ 노인의료복지시설

(단위: 개소, 명)

구분		계		무료		실비		유료	
		시설수	입소정원	시설수	입소정원	시설수	입소정원	시설수	입소정원
요양	'05	356	17,329	149	10,321	123	4,819	84	2,189
	'04	214	12,679	131	9,384	42	2,310	41	985
전문요양	'05	187	12,634	139	10,436	5	520	43	1,678
	'04	143	10,203	108	8,539	1	100	34	1,564
전문병원	'05	40	5,209	–	–	–	–	40	5,209
	'04	25	3,633	–	–	–	–	25	3,633
계	'05	583	35,172	288	20,757	128	5,339	167	9,076
	'04	382	26,515	239	17,923	43	2,410	100	6,182

☐ 노인재가복지시설

(단위: 개소, 명)

구분		계	가정봉사원파견시설	주간보호시설	실비주간보호시설	단기보호시설
시설수	'05	848	399	280	66	103
	'04	660	300	237	41	82
이용정원	'05	40,002	32,752	4,618	1,064	1,568
	'04	30,862	24,836	4,245	604	1,177

☐ 노인여가복지시설

(단위: 개소, 명)

구분		계	노인복지회관	경로당	노인교실	노인휴양소
시설수	'05년	54,785	163	53,616	1,002	4
	'04년	52,261	152	51,287	819	3

노인요양시설 3개년 확충계획('06~'08)

□ 노인요양시설 3개년 확충계획('06~'08)

(국고지원기준, 단위: 개소, 억)

구분			'06	'07	'08
기존계획	요양시설	개소 수	102	87	87
		예산	757	895	895
추가 대책	(추가)요양시설	개소 수	-	55	55
		예산	-	410	410
	그룹홈	개소 수	155	71	71
		예산	155	71	71
	소규모다기능시설	개소 수	65	147	147
		예산	126	263	263
	농어촌 재가노인복지시설	개소 수	16	21	25
		예산	29	38	46
	재가지원센터	개소 수	-	90	90
		예산	-	480	480

서강훈

▌약 력

성균관대학교 사회복지대학원 사회복지학과 졸업
원광대학교 일반대학원 사회복지학과 졸업(사회복지학 박사)
원광대학교 강사
호남대학교 강사
남부대학교 강사
광주대학교 강사
동강대학교 겸임교수
조선이공대학 전임교수(비정년계열)
전남사회복지발전연구원

▌주요 저서

『사회복지학의 이해』, 학지사

고령사회,
실버타운이
해답이다

초판인쇄 | 2009년 8월 20일
초판발행 | 2009년 8월 20일

지은이 | 서강훈
펴낸이 | 채종준
펴낸곳 | 한국학술정보㈜
주 소 | 경기도 파주시 교하읍 문발리 파주출판문화정보산업단지 513-5
전 화 | 031) 908-3181(대표)
팩 스 | 031) 908-3189
홈페이지 | http://www.kstudy.com
E-mail | 출판사업부 publish@kstudy.com

등 록 | 제일산-115호(2000. 6. 19)
가 격 | 20,000원

ISBN 978-89-268-0263-2 93330 (Paper Book)
      978-89-268-0264-9 98330 (e-Book)

내일을여는지식 은 시대와 시대의 지식을 이어 갑니다.

이 책은 한국학술정보(주)와 저작자의 지적 재산으로서 무단 전재와 복제를 금합니다.
책에 대한 더 나은 생각, 끊임없는 고민, 독자를 생각하는 마음으로 보다 좋은 책을 만들어갑니다.